Laurence Sterne

Tristram Schandis Leben und Mennungen

3. Teil

Laurence Sterne

Tristram Schandis Leben und Mennungen
3. Teil

ISBN/EAN: 9783743618749

Hergestellt in Europa, USA, Kanada, Australien, Japan

Cover: Foto ©ninafisch / pixelio.de

Manufactured and distributed by brebook publishing software (www.brebook.com)

Laurence Sterne

Tristram Schandis Leben und Mennungen

Tristram Schandis Leben und Meynungen.

Multitudinis imperitæ non formido judicia; meis tamen, rogo, parcant opusculis — in quibus fuit propositi semper, a jocis ad seria, a seriis vicissim ad jocos transire.

JOAN. SARESBERIENSIS,
Episcopus Lugdun.

Dritter Theil.

Zwote verbesserte Auflage.

Hamburg,
Bey Carl Ernst Bohn.
1776.

Tristram Schandis
Leben und Meynungen.

Erstes Kapitel.

— „Ich wünschte, Herr Doktor,„ sagte mein Oncle Toby, (und wiederholte seinen Wunsch für den Doktor Slop zum Zweytenmale, und das mit mehr Eifer und Ernst in seiner Art zu wünschen, als er es zuerst gewünscht hatte (*). „Ich „wünschte, Herr Doktor,„ sagte mein Oncle Toby, „Sie hätten gesehn, was für „erstaunend grosse Armeen wir in „Flandern hatten.„

Meines Oncles Toby Wunsch that dem Doktor Slop einen Mißdienst, den sein Herz keiner lebendigen Seele zudachte. — Denn, mein Herr, er machte ihn verwirrt. — Er brachte anfänglich seine Ideen in Unordnung, und

(*) Siehe den 2ten Theil Pag. 143.

und darauf zur Flucht, so, daß er solche nicht wieder in Reih' und Glieder bringen konnte, er mocht' es anfangen, wie er wollte.

In allen Arten von Disputationen, — männlichen oder weiblichen, — es sey um Ehre, um Brodt oder um Liebe — das ändert in der Hauptsache Nichts; — ist nichts gefährlicher, Madame, als wenn einem ein Wunsch auf diese unerwartete Art, so ganz in die Quere, auf die Haut fährt. Ueberhaupt genommen, ist der sicherste Weg für den bewünschten Theil, um den Wunsch in der Schwäche aufzufassen, den Augenblick sich zu erheben, auf beyde Füsse zu treten, — und dem Wünscher Etwas, von ungefehr eben dem Belange, wieder genau zu wünschen. — Dadurch rechnen Sie stehendes Fusses ab, und die Sachen bleiben, wie sie waren — sogar können Sie zuweilen dadurch den Vortheil des Angriffs gewinnen.

Dies wird der Welt, in meinem Kapitel von den Wünschen, hinlänglich aufgeklärt werden.

Der

Der Doktor verstund nichts von der Art und Weise dieser Vertheidigung; — Er ward dadurch ausser aller Fassung gebracht, und die Disputation gerieth fünftehalb ganzer Minuten in ein völliges Stocken; — Fünfe wären ihr tödtlich gewesen. — Mein Vater sah die Gefahr — die Disputation war eine der wichtigsten Disputationen von der ganzen Welt: „Ob der Sohn seines Betens und Arbei„tens mit oder ohne Kopf auf die Welt kommen „sollte?„ — Er wartete bis auf den letzten Augenblick, um dem Doktor Slop, dem der Wunsch geschehen war, sein Recht, ihn zu erwiedern, zu lassen; da er aber — wie ich sage, merkte, daß er irre geworden war, und fortfuhr, mit dem verstörten, bedeutungslosen Auge umherzusehen, womit gemeiniglich verblüfte Seelen herumzugaffen pflegen — Erst in meines Oncle Toby's Gesicht — dann in das seinige, — dann auf — dann nieder — dann ostwärts, — dann ostsüdostwärts und so weiter — an dem Gesimse der Wand herumspatziert, bis an den gegenüberstehenden Punkt des Kompasses — und daß er wirklich schon angefangen hatte, die

 mes=

meßingenen Tapetennagel an dem Arme seines Lehnstuhls zu zählen — da dachte mein Vater, es sey mit meinem Oncle Toby keine Zeit weiter zu verlieren, und nahm also das Wort auf, wie folget:

Zweytes Kapitel.

— „Was für erstaunend grosse Armeen „Ihr in Flandern hattet!„

Bruder Toby, versetzte mein Vater, wobey er seine Perucke mit der rechten Hand vom Kopfe nahm, und mit der Linken ein gestreiftes ostindisches Taschentuch aus der rechten Rocktasche hervorholte, um sich den Kopf zu trocknen, indem er den Punkt mit meinem Oncle Toby auseinandersetzte. —

— Nun, sehn Sie, hierinn hatte mein Vater sehr Unrecht, denk' ich, und ich will Ihnen meine Gründe anführen.

Dinge von nicht mehr anscheinender Erheblichkeit, an und für sich selbst, als: „Ob „mein

„mein Vater seine Perucke mit der „rechten oder linken Hand hätte sollen „abnehmen:„ haben die grössesten Reiche entzweyet, und die Kronen der Monarchen, die sie beherrschten, auf ihren Häuptern zum Wackeln gebracht. — Aber brauch' ichs wohl Ihnen erst zu sagen, mein Herr, daß die Umstände, mit welchen jedes Ding in dieser Welt umgürtet ist, jedem Dinge in dieser Welt seine Gestalt und Ansehn ertheilen? — und indem sie solches zusammendrängen oder ausdehnen, nach dieser Seite hin, oder jener, das Ding zu dem machen, was es ist, — groß — klein — gut — schlecht — gleichgültig — oder wichtig — gerade nach dem es fällt?

Da mein Vater sein ostindisches Tuch in der rechten Rocktasche hatte, sollte er ja nicht zugegeben haben, daß sich seine rechte Hand mit Etwas befaßte: vielmehr hätte er, statt mit ihr seine Perucke abzunehmen, solches lediglich seiner Linken auftragen sollen; und dann, wenn das natürliche Bedürfniß, das mein Vater fühlte, seinen Kopf zu reiben, sein Taschentuch zu holen erheischte, hätte er auf der Welt nichts weiter zu thun gebräucht, als mit seiner rechten Hand in die Tasche zu fahren, und es hervorzuziehen; — welches er ohne einige heftige Anstrengung, oder die geringste unschickliche Verzerrung einer Sehne oder eines Muskels an seinem ganzen Körper hatte thun können.

In diesem Falle, (oder mein Vater müßte sichs mit Fleiß vorgesetzt haben, durch das Steifhalten seiner Perücke in der linken Hand — oder durch irgend einen oder den andern verrückten Winkel mit dem Ellenbogengelenke, oder mit der Biegung des Arms — einen Narren aus sich zu machen) — wäre seine Stellung leicht, natürlich, ungezwungen gewesen. Reynolds selbst, so groß und voller Grazie er in seiner Manier ist, hätte ihn so mahlen können, wie er da gesessen.

So aber, wie es mein Vater anfing — bedenken Sie nur, was für eine verhenkerte Figur mein Vater da aus sich machte!

—Am

— Am Ende der Regierung der Königinn Anna, und zu Anfange der Regierung König Georgs des Ersten — „wurden die „Rocktaschen sehr tief in den Schooß „hinuntergesetzt.„ — Mehr brauch ich nicht zu sagen — Der Vater alles Unheils, hätte er auch einen Monatlang darüber spintisirt, hätte doch platterdings keine ärgere Mode für die Lage, darinn sich mein Vater befand, herausgrübeln können.

Drittes Kapitel.

Unter keines Königs Regierung überhaupt war es leicht, (Sie müßten denn ein eben so magrer Bürger seyn, als ich selbst bin,) Ihre Hand so quer über den ganzen Körper, bis auf den Boden Ihrer Rocktasche an der andern Seite hin zu quälen. — Im Jahr Ein Tausend Siebenhundert und Achtzehn, da sich dieses begab, war es äusserst schwer; dergestalt daß, als mein Oncle Toby die querlaufende zickzackige Approche entdeckte, die mein Vater darauf machte, es ihm den Augenblick die Approchen in die Gedandanken brachte, worinn er vor dem St. Nikolasthore gefochten hatte! Die Idee davon zog seine Aufmerksamkeit so gänzlich von dem Gegenstande des Gesprächs ab, daß er schon die Hand an der Schnur hatte, um Trim zu klingeln, daß er ihm die Karte von Namur, seine Zirkel und Maasstäbe bringen sollte, damit er die Winkel und Ecken dieser Attaque ausmessen könnte; derjenigen besonders, wo er seine Wunde am Latzbeine bekommen hatte.

Mein Vater runzelte die Stirn, und wie er sie runzelte schien ihm alles Blut, das er im Körper hatte, nach dem Gesichte zu steigen — Mein Oncle Toby stieg den Augenblick ab.

—Ich habe doch nicht bemerkt, daß Ihr Oncle Toby zu Pferde saß! —

Viertes Kapitel.

Der Leib eines Menschen und seine Seele, mit allem möglichen Respeckt für Beyde sey es gesprochen, sind vollkommen wie ein Nachtwams, und das Unterfutter ei=

eines Nachtwams; — zerknollt das eine, und ihr zerknollt das andre mit. Nur eine gewisse Ausnahme giebt es bey dem Falle, und die ist, wenn Sie ein so glücklicher Kumpe sind, daß Ihr Brustwams von Rolltaffend gemacht ist, und das Leibfutter darunter von Seidenbast.

Zeno, Cleanthes, Diogenes, Babilonius, Dionisius, Heracleotes, Antipater, Panätius und Possidonius unter den Griechen; — Cato und Varro, und Seneca unter den Römern; — Pantenus, und Clemens Allexandrinus und Montaigne unter den Christen, und ein anderthalb Schock andre, so gute ehrliche, undenkende schandysche Leute, als jemals lebten, deren Namen mir nicht beyfallen — geben alle vor, daß ihre Brustwämse auf diese Art gemacht waren. — Man möchte das Oberzeug zerknollt und zerknickt, und zerwickelt und zerkrickelt, und zerhudelt und zerprudelt haben; — kurz, ganz höllisch damit umgesprungen seyn, und das Inwendige wäre, man möchte gemacht haben was man wollte, doch nicht um ein Haar schlechter geworden.

Auf mein ehrliches Gewissen, ich glaube, meines ist so ziemlich nach dieser Art gemacht: — denn niemals ist wohl ein armes Brustwams ärger zermaddelt worden, als seit den letzten drey Vierteljahren das meinige, — und bey dem allem versichre ich — so viel ich von dem Dinge verstehe — daß sein Unterfutter dadurch nicht um einen Heller schlechter geworden ist; — hast du nicht, so kanst du nicht, heuster peuster, klitsch klatsch, piff paff, Hieb und Stoß, in die Länge und in die Quere haben sie's mir zerreckt und zerfetzt: — und wäre nur das Geringste vom Gummy in meinem Unterfutter zu finden gewesen, — bey allem was heilig ist! schon längst wär's bis auf den letzten Faden zerrissen und zersplissen.

Ihr Herrn Journalisten! — Wie konnten Sie's über Ihr Herz bringen, mein Brustwams so jämmerlich zu zerfetzen? — Wie konnten Sie wissen, daß Sie mein Unterfutter nicht mit faßten.

Gerne

Gerne und von ganzer Seele empfehle ich Sie, und Ihr Gewerbe dem Schutze jenes Wesens, das keinem von uns ein Leid zufügt — und damit Glück auf den Weg! — Nur, sollte Einer von Ihnen über den nächstkünftigen Band, mit den Zähnen knirschen, und auf mich losstürmen und wüthen, als einige von Ihnen vorigen Maymonat thaten, (ich erinnere mich noch, daß das Wetter damals sehr heiß war,) so werden Sie nicht zu böse, wenn ichs abermal ganz gelassen vorüber gehn lasse, — weil ich einmal entschlossen bin, so lang' ich lebe oder schreibe (welches bey mir einerley bedeutet) meinen ehrlichen Herrn Recensenten niemals ein unfreundlicher Wort, oder bösern Wunsch hören zu lassen, als das, welches mein Oncle Toby der Fliege sagte, die ihm die ganze Mahlzeit über, um die Nase herum sumsete: — „Geh, — geh armes Ding,„ — sagt' er — „mach, daß du weg kommst. — „Warum sollt ich dir Leids thun? Diese Welt „hat Raum genug für dich und für mich.„

Fünf-

Fünftes Kapitel.

Ein jeder Mann, Madame, der fünf Schritte vor sich sehen können, und die heftige Wallungen des Bluts in meines Vaters Gesicht bemerkt hätte, — wodurch er, (da alles Blut in seinen Körper sich nach seinem Kopfe stürzte, wie ich Ihnen sagte) um sechs volle und eine halbe Tinte, wo nicht um eine ganze Octave, (mit der Kunstsprache der Maler zu reden,) über seine natürliche Farbe röther werden mußte; — Ein jeder Mann, Madam, nur nicht mein Oncle Toby, der dies bemerkt hätte, und zugleich das gewaltige Runzeln auf meines Vaters Stirne, und die ausschweifenden Verzückungen in seinem Körper während der ganzen Sache, — würde daraus geschlossen haben, daß mein Vater wüthend zornig sey; und das einmal angenommen — und wenn er ein Liebhaber von solchen Consonanzen gewesen, welche daraus entspringen wenn zwey solche Instrumente in genauen Einklang gestimmt werden; — so würde er das seinige den Augenblick hinaufgezogen haben; — und dann wäre die Katzenmusik

musik losgegangen, — das ganze Duett, Madame, wäre gewiß abgespielt, wie die sechste Sonate vom jüngern Scarlatti — *con furia* — wie unsinnig. — Himmel, verleih mir Geduld! — wie kommt *con furia* — *con strepito* — oder irgend ein andres solch Regimentstrommelschläger Wort bey die Harmonie?

Ein jeder andrer Mann, Madame, als mein Oncle Toby, sag' ich, dessen Sanftmuth des Herzens jede Bewegung des Körpers auf die beste Weise auslegte, wie es die Bewegung nur leiden wollte, würde geschlossen haben, daß mein Vater sich ärgerte, und würd' ihn noch dazu getadelt haben. Mein Oncle Toby tadelte nichts anders, als den Schneider, der die Tasche so tief gesetzt hatte; — also saß er ganz still, bis mein Vater das Taschentuch herausgezogen hatte, sah die ganze Zeit über mit unbeschreiblicher Leutseligkeit nach seinem Gesichte hinauf, — bis mein Vater endlich fortfuhr, wie folget:

Sechstes Kapitel.

—„Was für erstaunend grosse Armeen „Ihr in Flandern hattet!„ —

—Bruder Toby, sagte mein Vater, ich weiß, du bist ein so ehrlicher Mann, und hast ein so gutes und aufrichtiges Herz, als jemals Gott erschaffen hat; — es ist auch deine Schuld nicht, wenn alle die Kinder, welche gezeugt worden, sind, können, werden, mögen, sollen oder müssen, mit dem Kopfe voran auf die Welt kommen; — aber, glaub' es mir, lieber Toby, es ist schon genug an den Zufällen, welche ihnen unvermeidlicher Weise über den Häuptern schweben, nicht nur bey Gelegenheit, da wir sie zeugen, — ob diese gleich, nach meiner Meynung, schon werth sind, daß wir solche in Betracht ziehn sollten — (*) sondern an den Gefahren, und Widerwärtigkeiten, die unsre

(*) Juan Huart in seinem Examen de Ingenios parx las sciencias, sagt Seite 27:
Ay orden y concierto en las causas naturale, que si los padres *al tiempo del engendrar* lienen cuydado de guardarle, saldran todos sushijos sabinos sin que falte ninguno.
Bravo V. M. Signor Huart!!

fre Kinder umgeben, nachdem sie ihren Weg auf die Welt gefunden haben — daß es gar nicht nöthig ist, sie auf diesem Wege, unnöthiger Weise noch mehrern bloß zu stellen. — Sind diese Gefahren, sagte mein Oncle Toby, indem er seine Hand auf meines Vaters Knie legte, und ihm ganz ernsthaft nach einer Antwort ins Gesicht sah — sind diese Gefahren heut zu Tage grösser, Bruder, als vordem? Bruder Toby, antwortete mein Vater, wenn ein Kind nur redlicher Weise gezeugt worden, gesund und lebendig auf die Welt kam, und sich die Mutter im Wochenbette wohl befand, — weiter bekümmerten sich unsre Vorfahren um Nichts. — Den Augenblick zog mein Oncle Toby seine Hand von meines Vaters Knie weg, lehnte sich ganz sanft in seinen Stuhl zurück, hob seinen Kopf soweit in die Höhe, daß er eben das Gesims des Zimmers sehn konnte, und alsdann brachte er in seinen Backen die Pfeifmuskeln, und in seine Lippen die Gewölbmuskeln in die gehörige Lage, um sein gewöhnliches Concert anzufangen — er pfiff seinen Regimentsmarsch. . .

Sie:

Siebendes Kapitel.

Underdessen daß mein Oncle Toby meinem Vater den Regimentsmarsch vorpfiff, stampfte Doktor Slop entsetzlich mit den Füssen und fluchte und schalt ganz gräßlich auf Obadiah. — Zu Ihrer Seelenheil und Besten, mein Herr, wüßt' es gereicht, und Sie bis an Ihr seligs Ende von der häßlichen Sünde des Fluchens geheilet haben, wenn Sie ihn gehört hätten. — Ich bin also entschlossen, Ihnen die ganze Sache zu erzählen.

Als Doktor Slops Magd dem Obadiah den grünen Netzbeutel mit ihres Herrn Instrumenten in die Hände gab, ermahnte sie ihn sehr weislich, seinen Kopf und einen Arm durch die Schnüre zu stecken, und so über der Schulter damit hereinzureiten. Sie schürzte also den Hauptknoten auf, um die Schnüre für ihn weiter zu machen, und damit warf sie ihm solchen über. Indessen, da hierdurch die Oeffnung des Beutels nicht sicher genug verschlossen blieb, und bey der Hast, womit Obadiah zurückzugallopiren drohete, leicht hätte

Et=

Etwas herausglitschen können: so wurden sie Raths, ihn wieder abzunehmen; und in ihrer emsigen Sorgfalt und Fürsicht hatten sie beyde Enden Schnüre genommen und (nachdem sie erst den Beutel oben zusammengefaltet) ein halb Dutzend dichte Knoten hineingeschlagen, die Obadiah, der Sicherheit wegen, alle nach einander, aus allen seinen Leibeskräften zusammengezogen hatte.

Hiemit war alles gethan, was Obadiah und das Mädchen wollten; es half aber gewissen kleinen Uebeln nicht ab, die weder er noch sie voraussahen. Es zeigte sich, daß die Instrumente, so fest auch der Beutel oben zugebunden war, dennoch am Boden desselben soviel Spielraum hatten, (der Beutel war Unten weiter als Oben) daß Obadiah nicht im Geringsten ein wenig trottiren durfte, oder die *Tire tête*, *Forceps*, und Sprütze machten ein solches erschrecklisches Geklingle, welches allein schon den guten Gott Hymen, falls er eben des Weges spatzieren gehüpft wäre, aus dem Lande hinausgeschreckt haben müßte; wenn aber gar noch Obadiah seinen Ritt zu beschleunigen und seinen Kutschgaul aus einem mäßigen Trabe in einen vollen Gallopp zu pricckeln suchte — o mein Herr, wahrhaftig — das Geklingle war unglaublich!

Obadiah hatte ein Weib und mit ihr drey Kinder. — Er war also weit davon entfernt, sich einen unzüchtigen Gedanken, oder sonst eine von den manchen übeln politischen Folgen dieses Geklingle in den Kopf kommen zu lassen, — indessen stunds ihm doch, aus einer Ursach, die ihm selbst anging, und die ihm also, wie es bey den grössesten Verfechtern der Freyheit der bürgerlichen Rechte, oft zu gehn pflegt, sehr wichtig war, gar nicht an. — „Der arme Kerl, Herr, konn„te kaum sein eigenes Pfeiffen hören.„

Achtes Kapitel.

Da Obadiah die Windmusik, aller der Instrumentalmusik, die er auf der Schulter trug, vorzog — so spannte er sehr bedächtlich seine Einbildungskraft an, ein Mittel zu

er=

ersinnen und ausfindig zu machen, wodurch er im Stande wäre, sie zu geniessen.

In allen Verlegenheiten (die musikalischen ausgenommen) wo es darauf ankommt, etwas anzuknüpfen; — fällt einem Menschen nichts natürlicher ein, als seine Huthschnur: — die philosophische Ursach hiervon liegt so nahe an der Oberfläche, — daß ich nicht einmal weiter davon reden mag.

Da Obadiahs Casus unter die vermischten gehörte — merken Sie's wohl, meine Herren, — es war ein vermischter Casus, sag' ich; denn er war obstretisch — eptisch, — itzisch, pap=istisch — und in sofern das Kutschcaball damit zu thun hatte, caballistisch, — und nur zum Theil musikalisch; — so machte sich Obadiah kein Gewissen, das erste beste Mittel zu ergreifen, das sich darbot. — Er packte also den Beutel und die Instrumente, mit der einen Hand fest an, und drückte sie brav zusammen, und mit dem Daumen und den Fingern der andern, nahm er die Huthschnur, die er mit einem Ende zwischen den Zähnen hielt, und fuhr damit mitten um den Beutel, und band, und schnürte sie alle, von einem Ende zum andern, so herzlich zusammen, (wie einen Reisekoffer) mit solch einer Menge von Querschlingen und Verschürzungen, und einem Kreuzknoten allenthalben wo die Schnur durchgezogen ward — das Doktor Slop wenigstens drey Fünftel von Hiobsgeduld hätte haben müssen, wenn er sie hätte auflösen sollen. — Auf meine Ehre, ich glaube, wäre Mutter Natur eben bey ihrer behenden Laune, und zu dem Wettlaufe aufgelegt gewesen — und sie wären beyde ganz ehrlich, Eins, Zwey, Drey! zugleich abgelaufen — Keine lebendige Seele, die den Beutel, mit allem was Obadiah daran gemacht hatte, gesehen, — und dabey gewußt hätte, wie hübsch geschwind die Göttinn seyn kann, wenn sie Lust hat, würde nur einen Augenblick gezweifelt haben — wer von beyden den Preis davon tragen würde. Meine Mutter, glauben Sie mir, Madame, hätte ihm zwanzig Knoten vorgeben können, und wäre doch

gewiß

gewiß eher entbunden worden, als der grüne Beutel. — O Spielding kleiner Zufälle, Tristram Schandy! das bist Du, und wirst es wohl beständig-bleiben! Hätte man nur diesen Versuch für Dich angestellt, und die Wahrscheinlichkeit dazu war schon wie Funfzig zu Eins — so hätten Deine Sachen nicht so unterm Druck gelegen — (die Nase wenigstens wäre Dir nicht so eingedrückt) als sie gethan haben; und das Glück Deines Hauses, und die Gelegenheiten, es zu machen, welche Dir so oft in Deinem Leben so ungerufen in die Hände geflogen sind, hättest Du nicht so oft, so ärgerlicher, so klotziger, so unwiederbringlicher Weise fahren lassen dürfen, als Du gezwungen gewesen bist zu thun! — doch, es ist zum Ende — mit Allem! Nur mit der Erzählung davon noch nicht, die dem neugierigen Leser nicht eher vorgelegt werden kann, bis ich das Tageslicht erblickt habe.

Neuntes Kapitel.

Grosse Meister fehlen auch: denn den Augenblick, da Doktor Slop die Augen auf seinen Beutel warf, (welches er nicht ehe gethan hatte, bis ihn der Zwist mit meinem Oncle Toby über die Hebammenkunst daran erinnerte,) fiel ihm der Gedanke recht aufs Herz. — 'S ist doch ein grosses Glück, sagt' er, (bey sich selbst) daß Madame Schandy so hart daran gewesen ist, — sonst hätte sie schon siebenmal entbunden seyn können, ehe die Hälfte von diesen Knoten aufgeschürzt worden. — Hier aber müssen Sie wohl distinguiren — der Gedanke schwam blos in Doktor Slops Gehirne, als eine simple Proposition, ohne Segel oder Ballast. Eine Million solcher Gedanken, wie Ewr. Wohlgebohrnen wissen, schwimmen jeden Tag ganz ruhig mitten in dem dünnen Safte des Verstandes eines Menschen herum, ohne daß solche vor- oder rückwärts getrieben werden, bis sie etwann ein kleiner Windstoß, von Leidenschaft oder Eigennutz, nach einer Seite zu führt.

Ein plötzliches Getrample in dem Zimmer oben, bey meiner Mutter ihrem Bette, that der Proposition gerade den Dienst, davon ich eben

eben spreche. 'S wäre doch ein rechtes Unglück! sagte Doktor Slop, wenn ich nicht eilig fort mache, wird mir's ergehen, wie ich gedacht habe.

Zehntes Kapitel.

Wenn die Rede von Knoten ist — worunter ich, erstlich nicht so verstanden seyn möchte, als meynte ich, Schleifknoten, — weil, in der Fortsetzung meines Lebens und meiner Meynung, — meine Meynung darüber schicklicher an der Stelle angebracht erscheinen wird, wo ich der Catastrophe meines Großoncles, Hammond Schandy, — ein kleiner Mann, aber von grossem Geiste — erwähnen werde. — Er wird in der Geschichte des Herzogs von Monmouth geschnirrt. — Zweytens meyne ich hier auch nicht die besondre Art von Knoten, welche man doppelte Schleiffen nennt; — es gehört so wenig Kunst, Geschicklichkeit oder Geduld dazu, sie aufzulösen, daß ichs für mich zu gering achte, meine Meynung davon abzugeben; — Unter

denen

denen Knoten, wovon ich spreche, geruhen Ew. Würden zu glauben, versich' ich gute, ehrliche, auf Treu und Glauben gemachte Knoten, wie Obadiahs seine; — bey welchen keine abgeredete Fycheley, daß man die Enden doppelt durch die Oehsen laufen lasse, geschiehet, damit sie hübsch leicht und sacht von — aufgezogen werden mögen. — Nun ich hoffe, Madame, Sie verstehn mich!

Wenn also von solchen Knoten die Rede ist, und von den mancherley Hindernissen, welche, mit Ewr. Würden gütigsten Erlaubniß, solche Knoten auf der Reise durch unser Leben in den Weg werfen; so kann ein jeder Hastigkopf, sein Federmesser aus der Tasche nehmen, und sie durchschneiden. — 'S ist unrecht. Glauben Sie mir's, meine Herren, der ehrlichste Weg, und den uns Vernunft und Gewissen vorschreiben, ist, unsre Zähne und Finger dabey zu gebrauchen. — Doktor Slop hatte seine Zähne verlohren. — Sein Leibinstrument, womit er einst in einer falschen Richtung bey einer schweren Geburt ein Kind holen wollte, oder

das

das er falsch ansetzte, glitschte ihm unglücklicher Weise aus, und fuhr ihm mit dem Griffe solchergestalt gegen die Zähne, daß er drey der besten darüber einbüßte. — Er versuchte 's mit seinen Fingern — aber ach! die Nägel seiner Finger und seines Daumens waren scharf beschnitten. — Hol's der Henker! Ich kann's nicht auflösen, weder so, noch so! schrie Doktor Slop. — Das Trampeln über seinem Kopfe, bey meiner Mutter Bette, ward stärker. — Daß den Kerl der T — holte! In meinem ganzen Leben bring' ich die Knoten nicht heraus. — Meine Mutter fing an zu ächzen. — Leihen Sie mir doch Ihr Federmesser! Ich muß nur die Knoten durchschneiden, — — ritsch! — — ratsch! — der Hagel! Da hab' ich mir in den Daumen geschnitten, bis auf den Knochen! — der verdammte Kerl! — Wenn in zwey Tagereisen kein andrer Accoucheur zu haben wäre — für dasmal bin ich untüchtig. — Daß der Schurke am Galgen hinge, — erschossen wäre. — Daß ihn der Satan in der Hölle hätte, und das Feuer mit ihm schürte, dem Rindviehe, dem!

Mein Vater hielt seinen Obadiah in grossen Ehren und konnt' es nicht leiden, daß man ihn so aus freyer Hand weggäbe — überdem hielt er auch sich selbst ein wenig in Ehren, und konnte eben so wenig die Beleidigung leiden, die ihm dadurch selbst zugefügt wurde.

Hätte der Doktor sich in ein andres Glied des Körpers geschnitten, als in den Daumen, — mein Vater hätte es hingehen lassen — denn seine Fürsichtigkeit hätte doch gesieget: aber so, — nun wollt' er auch seine Rache haben.

Kleine Flüche, Doktor Slop, bey grossen Anlässen, sagte mein Vater (indem er ihm erst sein Mitleid über den Zufall bezeigte) dienen zu weiter nichts, als daß wir, um Nichts und wieder Nichts, die Stärke und Gesundheit unsrer Seelen dabey zu setzen. — Wohlwahr, versetzte Doktor Slop. — Es ist eben soviel, sagte mein Oncle Toby, der so lange aufhörte zu pfeiffen, als ob man mit Sperlinghagel auf eine Bastey schösse — Es ist wei-

weiter zu Nichts nütze, fuhr mein Vater fort, als die Galle aufrührisch zu machen, — ohne die Schärfe davon abzuführen. — Ich, meines Theils, fluche und schwöre überall nur selten — ich halt es für nicht gut — werd' ich aber Einmal dazu gebracht, ohn' es gewahr zu werden, so pfleg' ich doch soviel Sinne zu behalten, (recht sagte mein Oncle Toby,) daß ich weiß, warum ichs thue; — das ist, ich höre nicht eher auf, bis ich mich erleichtert fühle. Ein kluger und billiger Mann, sollte sich indessen immer befleißigen, nicht mehr Galle auszuschütten, als er, nicht sowohl nach dem Maasse, wie sie ihm übergelaufen ist, sondern nach der Grösse und Absicht der Beleidigung, auszuschütten hat. — „**Beleidigungen können nur nach den** „**Willen gerechnet werden**,„ sagte mein Oncle Toby. Aus dieser Ursache, fuhr mein Vater mit der grössesten cervantischen Ernsthaftigkeit fort, habe ich für den ehrlichen Mann die höchste Ehrfurcht von der Welt, der in diesem Punkte seiner eignen Behutsamkeit nicht traute, und sich also niedersetzte und (mit aller Gemächlichkeit) Flüche abfaßte, die

sich

sich auf alle Fälle paßten, von der geringfügigsten bis zu der grösscsten Reizung die ihm nur möglicher Weise überkommen konnten. Welche besagte Flüche, nachdem er sie reiflich überlegt, und befunden, daß er dafür einstehen konnte, er beständig auf dem Camingesimmse zur Hand liegen hatte, um sie bey aller Gelegenheit zu gebrauchen. — Mir ist noch niemals vorgekommen, versetzte Doktor Slop, daß man auf so Etwas jemals gedacht — noch weniger, daß mans ins Werk gesetzt hätte. Ich bitte um Verzeihung, sagte mein Vater; noch heute Morgen hab' ich meinem Bruder Toby beym Theetrinken einen davon vorgelesen, aber nicht vorgeflucht. — Er liegt hier eben auf den Borte. — Wenn ich mich aber recht erinnere, so war er für einen Schnitt in den Daumen zu hart. — Ganz und gar nicht, sagte Doktor Slop. Hol der T — den Kerl! — Nun gut! antwortete mein Vater, er ist gerne zu Diensten — mit dem Bedinge, daß Sie ihn laut vorlesen; — damit stund er auf und nahm ein Formular einer Excommunication der römischen Kirche, die sich mein Vater, (der allerley

ley dergleichen gerne sammlen mochte) aus der Agenda der Kirche zu Rochester, welche der Bischoff **Ernulphus** verfaßte, hatte abschreiben lassen — mit einer so herzlich affektirten Ernsthaftigkeit in Miene und Stimme herunter, welche dem **Ernulphus** selbst in der Seele wohl gethan haben würde. — Er gab es dem Doktor Slop in die Hand. Doktor Slop wickelte seinen Daumen in einen Zipfel seines Taschentuchs, und las mit einer krausen Nase, ohne doch das geringste zu argwöhnen, laut, wie folget. — Mein Oncle Toby pfiff beständig dabey seinen Regimentsmarsch, so laut, als es seine Lunge aushalten wollte.

Textus de Ecclesiâ Roffensi, per Ernulfum Episcopum.

CAP. XXV.

EXCOMMUNICATIO. (*)

Ex auctoritate Dei omnipotentis, Patris, et Filii, et Spiritus Sancti, et sanctorum canonum, sanctæque et intemeratæ Virginis Dei genetricis Mariæ,

— At-

(*) Da einige gezweifelt, ob die Consultation der Sarbonne über die Frage wegen der Taufe, auch ächt sey, und andre solches geläugnet: — so hat man für nöthig geachtet, das Original dieser Excommunication hier abdrucken zu lassen; für die abschriftliche Mittheilung desselben dankt hier Herr Schandy dem Domküster des hochwürdigen Kapitels zu Rochester.

Eilftes Kapitel.

„Im Kraft und Macht des allmächtigen Got„tes, Gottes des Vaters, des Soh„nes und des heiligen Geistes, und der heili„gen Kirchengesetze, und der unbefleckten „Jungfrau Maria, Mutter und Schutzhei„ligen unsers Heylandes.„ — Ich denke, es ist eben nicht nöthig, sagte Doktor Slop, und ließ das Papier auf die Knie niedersinken, wie er sich an meinen Vater wendete, daß ichs laut lese, da Sie es so kürzlich gelesen haben; — und da der Herr Capitain eben nicht grosse Lust zu haben scheint, es anzuhören, — so thu' ich wohl eben so gut, wenn ichs leise für mich lese. Nein, mein Herr, so haben wir nicht gewettet, versetzte mein Vater, — überdem ist es auch so sonderbar, besonders gegen das Ende zu, daß es mir Leid thun sollte, es nicht noch Einmal anzuhören. Doktor Slop fand es nun freylich nicht ganz nach seinem Sinne, — da aber gleichwohl mein Oncle Toby sich augenblicklich erbot, sein Pfeiffen ruhn zu lassen, und es selbst ihnen vorzulesen: — so dachte Doktor Slop,

— Atque omnium cœleſtium virtutum, angelorum, archangelorum, thronorum, dominationum, poteſtatuum, cherubin ac ſeraphin, et ſanctorum patriarchum, prophetarum, et omnium apoſtolorum et evangeliſtarum, & ſanctorum innocentum, qui in conſpectu Agni ſoli digni inventi ſunt canticum cantare novum, et ſanctorum martyrum, et ſanctorum confeſſorum, et ſanctarum virginum, atque omni-

Slop, es wäre wohl eben so gut, wenn er es unter Accompagnement von meines Oncle Toby's Pfeiffen vorläse, — als zuzugeben, daß mein Oncle Toby es ihnen Solo hören liesse. — Er nahm also das Papier wieder vor's Gesicht, hielt es mit demselben fast in einer Linie, um seinen Verdruß zu verbergen, und las laut, wie folget: — Mein Oncle Toby pfiff dabey sein Stückchen, obgleich nicht völlig so laut, als vorher.

„In Kraft und Macht des allmächtigen „Gottes, Gottes des Vaters, Gottes des „Sohnes und Gottes des heiligen Geistes, „und der unbefleckten Jungfrau Maria, Mut„ter und Schutzheilige unsers Heylandes, und „aller himmlischen Heere, Engel, Erzengel, „Thronen, Heerschaaren, Mächte, Cheru„bim und Seraphim, und aller heiligen Erz„väter, Propheten, und aller Apostel und „Evangelisten, und aller der heiligen Unschul„digen, welche im Angesichte des Lammes „würdig befunden sind, zu singen das neue „Lied, der heiligen Bekenner und Märtyrer, „der eilftausend heiligen Jungfrauen, und al-

nium ſimul ſanctorum et electorum
Dei,—Excommunicamus, et ana-
vel os s
thematizamus hunc furem, vel
vel os s
hunc malefactorem, N. N. et a li-
minibus ſanctæ Dei eccleſiæ ſeque-
ſtramus et æternis ſuppliciis excru-
vel i n
ciandus, mancipetur, cum Dathan
et Abiram, et cum his qui dixe-
runt Domino Deo, recede à nobis,
ſcientiam viarum tuarum nolumus:
et ſicut aquâ ignis extinguitur, ſic
vel eorum
extinguatur lucerna ejus in ſecula
ſeculorum niſi reſpuerit, et ad ſa-
n
tisfactionem venerit. Amen.

os
Maledicat illum Deus Pater qui
os
hominem creavit. Maledicat illum
Dei Filius qui pro homine paſſus
eſt. Maledicat illum Spiritus Sanc-
tus qui in baptiſmo effuſus eſt. Ma-
os
ledicat illum ſancta crux, quam
Chri-

„ler Heiligen überall, nebst den Heiligen und „Auserwählten Gottes, sey er (Obadiah) ver„flucht„ (dafür, daß er diese Knoten knüpfte) — „Wir excommuniciren, verbannen, „und schliessen ihn aus, von den Vorhöfen „der Kirche Gottes, daß er sey gequält, ge„bunden und überliefert der Rotte Dothan „und Abiram, und mit denen, welche zu „dem Herrn sprechen: Sey ferne von uns, „wir fragen nichts nach deinen Wegen. Und „gleich wie das Feuer vom Wasser gelöscht „wird; so laß sein Licht auf immerdar verlö„schen, wofern es ihn nicht gereuet, (Obadiah, daß er die Knoten geknüpfet hat) „und er dafür (für die Knoten) büsse. „Amen!„

„Es verfluche ihn der Vater, der die Men„schen erschuf. — Es verfluche ihn der Sohn, „der für uns litt. — Es verfluche ihn (Oba„diah) der heilige Geist, der uns in der Tau„fe mitgetheilet ward. — Es verfluche ihn „das heilige Kreuz, welches Christus, zu unsrer

Chriſtus pro noſtrâ ſalute hoſtem triumphans, aſcendit.

Maledicat illum[os] ſancta Dei genetrix et perpetua Virgo Maria. Maledicat illum[os] ſanctus Michael, animarum ſuſceptor ſacrarum. Maledicant illum[os] omnes angeli et archangeli, principatus et poteſtates, omniſque militia cœleſtis.

Maledicat illum[os] patriarcharum et prophetarum laudabilis numerus. Maledicat illum[os] ſanctus Johannes præcurſor et Baptiſta Chriſti, et ſanctus Petrus, et ſanctus Paulus, atque ſanctus Andreas, omneſque Chriſti apoſtoli, ſimul et cæteri diſcipuli, quatuor quoque evangeliſtæ, qui ſua prædicatione mundum univerſum converterunt. Maledicat illum[os] cuneus martyrum et

con-

„Erlösung, über seine Feinde triumphirend be„stieg.

„Die heilige und ewige Jungfrau Ma„ria, Mutter Gottes, verfluche ihn. — „Der heilige Michael, Fürsprecher der heili„gen Seelen, verfluche ihn. — Alle Engel „und Erzengel, Herrschaften und Fürsten„thümer, nebst allen himmlischen Heerschaa„ren, verfluchen ihn.„ [Unsre Armeen in Flandern, schrie mein Oncle Toby, fluchten entsetzlich, — aber hiebey kam es nicht. — Ich, meines Theils, könnt' es nicht übers Herz bringen, meinen Hund also zu verfluchen.]

„Der heilige Johannes der Vorläufer und „Sanct Johannes der Täufer, und Sanct „Peter und Sanct Paul, und Sanct Andreas „und die Apostel allzumal, verfluchen ihn. „Und alle übrigen seiner Jünger und die vier „Evangelisten, die durch ihre Predigten die „ganze Welt bekehrten, — und die heilige „und wunderthätige Zahl der Märtyrer und „Bekenner, welche durch ihre heiligen Werke

confeſſorum mirificius, qui Deo bonis operibus placitus inventus eſt.

Maledicant illum[os] ſacrarum virginum chori, quæ mundi vana cauſa honoris Chriſti reſpuenda contempſerunt. Maledicant illum[os] omnes ſancti qui ab initio mundi uſque in ſinem ſeculi Deo dilecti inveniuntur.

Maledicant illum[os] cœli et terra, et omnia ſancta in eis manentia.

Maledictus[n] ſit ubicunque fuerit[n], ſive in domo, ſive in agro, ſive in viâ, ſive in ſemitâ, ſive in ſilvâ, ſive in aquâ, ſive in eccleſiâ.

Maledictus ſi vivendo, moriendo,

—— —— —— —— ——

—— —— —— —— ——

——} —— —— —— ——

—— —— —— —— ——

—— —— —— —— ——

man-

„Gnade vor Gottes Augen empfangen, ver-
„fluche ihn. (Obadiah)

„Das ganze Chor der heiligen Jungfrauen, „die zur Ehre Christi, allen irrdischen Din-„gen entsagten, verfluche ihn. — Alle Hei-„ligen, die von Anbeginn der Welt bis zu „ewigen Zeiten, in der Liebe Gottes erfun-„den werden, verfluchen ihn. — Alle Him-„mel und Erden und was darinnen heilig ist, „verfluche ihn,„ (Obadiah) „oder sie,„ (oder jeden, der Hand anlegte, diese Knoten zu knüpfen.)

„Er,„ (Obadiah) „sey verflucht, er fin-„de sich, wo er wolle: — in seinem Hau-„se, oder in den Ställen, im Garten, oder „auf dem Felde, oder auf ofnem Wege, oder „Steige, oder im Walde, oder im Wasser, „oder in der Kirche. — Er sey verflucht im „Leben, oder Sterben.„ [Hier haschte mein Oncle Toby eine weisse Note im Zweyten Tacke seines Marsches, und hielt solche crescendo aus, bis ans Ende der ganzen Periode. — Doktor Slop mit seinen Vierteln und Achteln des Fluchens bewegte sich darunter beständig

 fort,

manducando, bibendo, efuriendo, fitiendo, jejunando, dormitando, dormiendo, vigilando, ambulando, ftando, fedendo, jacendo, operando, quiefcendo, mingendo, cacando, flebotomando.

Maledictus fit in totis viribus corporis.

Maledictus fit intus et exterius.

Maledictus fit in capillis; maledictus fit in cerebro. Maledictus fit in vertice, in temporibus, in fronte, in auriculis, in fuperciliis, in oculis, in genis, in maxillis, in naribus, in dentibus, mordacibus, in labris five molibus, in labiis, in guttere, in humeris, in harnis, in brachiis, in manubus, in digitis, in pectore, in corde, et in omnibus

fort, wie ein laufender Baß.] „Er sey ver„flucht, wenn er isset und trinket, wenn ihn „hungert und durstet, wenn er fastet, wenn „er schläft, wenn er schlummert, wenn er „geht, wenn er steht, wenn er liegt, wenn er ar„beitet, wenn er ruhet, wenn er Ader läßt, „die Blas' erleichtert und seine Füsse deckt.

„Verflucht sey er (Obadiah) in allen Kräf„ten seines Leibes.

„Verflucht sey er an seinem Inwendigen „und Auswendigen. — Er fühle den Fluch „in den Haaren seines Hauptes, — in seinem „Gehirne und seinem Scheitel,„ — (das ist ein gräßlicher Fluch, sagte mein Vater,) „in seinen Schläfen, in seiner Stirn, in sei„nen Ohren, in seinen Augenbraunen, in „seinen Wangen, in seinen Schneidezähnen „und in seinen Mahlzähnen, in seinen Lip„pen, in seinem Schlunde, in seinen Schul„tern, in seinen Fäusten, in seinen Armen, „in seinen Händen, in seinen Fingern.

„Er fühle den Fluch in seinem Munde, „in seiner Brust, in seinem Herzen und allen

bus interioribus ſtomacho tenus, in renibus, in inguinibus, in femore, in genitalibus, in coxis, in genubus, in cruribus, in pedibus, et in unguibus.

Maledictus ſit in totis compagibus membrorum, a vertice capitis, uſque ad plantam pedis — non ſit in eo ſanitas.

Maledicat illum Chriſtus Filius Dei vivi toto ſuæ majeſtatis imperio

„edlen Theilen, bis ganz zum Magen hin„unter.

„Er fühle den Fluch in seinen Nieren und „in seinem Latzbeine,„ (das verhüte Gott im Himmel, sagte mein Oncle Toby,) „in seinen „Lenden, in seiner Mannheit,„ (mein Vater schüttelte den Kopf) „in seinen Hüften, und „in seinen Knieen, seinen Beinen, seinen „Füssen, und Nägeln an den Füssen.

„Er sey verflucht an allen Gelenken und „Wirbeln seiner Glieder, von seinen Fußsoh„len an bis zur Spitze seines Scheitels, sey „nichts Gesundes an ihm zu finden.

„Der Sohn des lebendigen Gottes mit al„ler seiner Macht und Herrlichkeit„ —[Hier warf mein Oncle Toby seinen Kopf zurück, und ließ ein ungeheures, langes, lautes Tiu — — u — — u — — hören, als ob er pfiff' und sänge: Behüt uns lieber Herre Gott!

— Beym goldnen Barte des Jupiters und der Juno, (wenn Ihre Majestät einen

trug)

trug) und bey den Bärten aller übrigen heidnischen hochedlen Gottheiten, deren es, nebenhergesagt, keine geringe Anzahl gab, weil mit den Bärten der Gottheiten des Olymps, der Luft- und Wassergottheiten, — nicht zu erwähnen, der Bärte der Stadtgötter und Landgötter, oder der olympischen Göttinnen, als Gemahlinnen, oder der höllischen Göttinnen, als Kebsen und Concubinen, (das ist, im Falle sie welche trugen) welche alle besagte Bärte, wie mich *Varro* auf Ehr' und Glauben versichert, wenn sie alle aufgezählt wurden, in der heidnischen Götterliste nicht weniger als dreyßig Tausend wirklich vorhandner Bärte ausmachten; — wovon jeder Bart auf das Recht und Privilegium Anspruch machte, daß man ihn streicheln und bey ihm schwören konnte, — bey allen diesen Bärten zusammengenommen also, schwör' und gelob' ich, daß ich von meinen beyden schlechten Feyerkleidern, die ich in dieser Welt besitze, den besten darum gegeben haben möchte, so gerne und willig, als nur jemals *Cid Hamet* den seinigen ausbot — bloß, daß ich hätte dabey stehn mögen, und meinen

Oncle

rio — et insurgat adversus illum cœlum cum omnibus virtutibus quæ in eo moventur ad *damnandum* eum, nisi penituerit et ad satisfactionem venerit. Amen. Fiat, fiat. Amen.

Oncle Toby mit seinem Pfeiffen accompagniren hören.]

— „Verfluche ihn,„ — fuhr Doktor Slop fort, — „und der Himmel mit allen „Mächten, die ihn bewohnen, müsse gegen ihn aufstehen und ihn, (Obadiah) verfluchen und verdammen, wofern ers nicht „bereuet und büsset. Amen. Es gescheh also — es gescheh also. Amen.„

Ich betheure es, sagte mein Oncle Toby, mein Herz würde mir nicht erlauben, den Teufel selbst mit soviel Bitterkeit zu verfluchen. — Der ist der Vater der Flüche, versetzte Doktor Slop. — Ich aber nicht, versetzte mein Oncle. — Er ist aber bereits in alle Ewigkeit verdammt und verflucht — versetzte Doktor Slop.

Das thut mir leid, sagte mein Oncle.

Doktor Slop spitzte das Maul und wollte eben meinem Oncle Toby das Compliment, des gepfiffenen **Behüt' uns** — zurückgeben, als

als in dem nächsten Kapitel, (wenn Sie Eins überschlagen) die Thüre hastig aufgemacht wurde — und solches der Geschichte ein Ende machte.

Zwölftes Kapitel.

Wozu nun das Großthun? Wozu nun wollen wir glauben und behaupten, daß die Flüche, deren wir uns in diesem unsern Lande der Freyheit bedienen, unser eigen sind? und weil wir dreiste genug sind, sie an Mann zu bringen — uns einzubilden, wir hätten auch Witz genug, sie zu erfinden?

Gleich den Augenblick will ichs einem jeden Menschen in der Welt beweisen, ausgenommen, einem Kenner; — ob ich gleich auch erkläre, daß ich nur einen Kenner im Fluchen ausnehme — so wie ichs mit einem Kenner in der Mahlerey u. s. w. machen würde, — der ganze Schwarm derselben ist mit dem Firlefanz der Kritikerey so behängt und befetischt — oder meine Metaphar aufzugeben, welches im Vorbeygehn gesagt, sehr

Scha-

Schade ist; — denn ich dächte, sie wäre von der Küste von Guinea weit genug hergeholt. — Ihre Köpfe, mein Herr, sind so vollgepfropft von Zirkeln und Richtscheiden, und sie sind alle Minuten so begierig, sie bey jeder Gelegenheit anzulegen, daß ein Werk von Genie lieber auf einmal den Weg alles Fleisches gehen möchte, als sich von ihnen langsam zu Tode prickeln und martern zu lassen. — Und wie sagte Garrick gestern Abends sein Soliloquium? — O, gegen alle Regeln, Mylord, — gegen alle Gramatik! zwischen dem Substantivo und dem Adjektivo, welche doch in einem Numero, Casu und Genere stehen sollten, hielt er inne, als ob er einen Redeabschnitt machen wollte — und zwischen dem Nominativo Casu, welcher, wie Ew. Gnaden wissen, das Verbum regieren muß, brach er allemal drey Secunden und drey Quinten mit der Stimme ab. — Ich hab' es genau auf meiner Wettenuhr bemerkt, Mylord. — Der vortrefliche Gramatiker! — Aber, brach er denn auch den Sinn ab, wenn er mit der Stimme abbrach? Füllte kein Ausdruck in der Stellung oder Miene den Zwischenraum aus? War das Auge stumm? Sahn Sie genau zu? — Ich sah genau auf meine Wetteuhr, Mylord. — Der vortrefliche Bemerker!

Und was sagen Sie von dem neuen Buche, wovon die ganze Welt ein solches Aufhebens macht? — O, es ist ganz schief und krumm, Mylord, — ein völlig unregelmässiges Ding! — kein einziger Winkel der vier Ecken war ein rechtliniger Winkel. — Ich hatte Lineal und Zirkel u. s. w. in meiner Tasche, Mylord. — Der vortrefliche Kritikus!

— Und das epische Gedicht, das ich auf Euer Gnaden Befehl besehn habe; — ich habe seine Länge, Breite, Höhe und Tiefe aufgenommen, und es zu Hause nach einem genauen bossuischen Maasstabe ausgemessen, — und finde seine Verhältnisse durchgängig falsch. — Der bewundernswürdige Kenner! — Sind Sie auf Ihrem Rückwege bey den Mahler vorgetreten, und haben das grosse Gemählde besehen. — 'S ist ein elendes Gesudle! Mylord; — keine einzige Grup-

Gruppe ist richtig und pyramidalisch gruppirt! — und was er nicht dafür fodert! — Denn man findet nichts darinn von Titians Colorit, — von Rubens Ausdruck — von Raphaels Grazie — von Dominichino's Klarheit — von Corregio's Corregität — von Poussins Gelehrsamkeit, — von Guido's sanftem Schimmer, — von dem Geschmacke der Carrachi's, — oder von Michel Angelo's grossen Umrissen. — Gerechter Himmel, laß mir die Geduld nicht ausreissen! — Unter allem Geschwätze, das in dieser geschwätzigen Welt geschwatzt wird, — obgleich das Geschwätz der Andächtler das schlimmste seyn mag, — ist das Kennerkunstrichtergeschwätz das unausstehlichste!

Funfzig Meilen reisete ich darum zu Fusse, denn ich habe kein Pferd, das die Reise aushielte, um dem Manne die Hände zu küssen, dessen liebreiches Herz die Zügel seiner Einbildungskraft, den Händen seines Autors überliefert, — der sich befriedigen läßt, ohne zu wissen wie? und nicht fragt, warum?

Grosser Apoll! wenn du einmal zum Verleihen aufgelegt bist, — verleihe mir — mehr verlang' ich nicht, — nur einen Strich von origineller Laune, und nur einen Funken von deinem eignen Feuer dazu, — und sende Merkur, mit den Zirkeln und Linialen, wenn er eben abkommen kann, nebst meiner dienstlichen Empfehlung, zu den — Gleichviel! —

Jedem andern Menschen also, unterzieh ich michs, zu beweisen, daß alle die Flüche und Verwünschungen, die wir in den letzten zweyhundert und funfzig Jahren der Welt als original vorgeprunkt haben — ausgenommen, **beym Daumen des heiligen Paulus, und Gott's Fleisch und Gott's Fisch,** welches monarchische Flüche waren, und in Betracht dessen, der sie machte, nicht uneben gerathen sind; — und als königliche Flüche kommts auch eben nicht darauf an, ob sie Fisch oder Fleisch sind; — ausser denen, sag' ich, ist kein Fluch, oder wenigstens keine Verwünschung darunter, die nicht tausend und aber tausendmal aus den Ernulphus abkopirt wä-

wären. Aber, wie es denn mit den Kopeyen ist! wie unendlich verlieren sie nicht an Kraft und Nachdruck gegen das Original! — da wird einem z. E. der Fluch für nicht schlecht verkauft, — und so obenhin betrachtet, geht er auch noch wohl mit — **Gott verdamm' dich** — stellen Sie ihn aber einmal neben den Ernulphus — „Der allmächtige Gott Vater „verdamm' dich, — Gott der Sohn ver„damm' dich, — Gott der heilige Geist ver„damm' dich,„ — so sehn Sie, daß er Nichts ist. In dem Letzten ist so Etwas Orientalisches, das wir nicht erreichen können. Ueberdem ist Ernulphus reicher an Erfindung — an wahrem Genie eines Fluchers, — er hatt solch eine durchgängige Kenntniß von dem Baue des menschlichen Körpers, seinen Membranen, Nerven, Ligamenten, Wirbeln und Gelenken — daß, wenn Ernulphus fluchte, — ihm kein Glied entwischte. — Wohl wahr, daß seine Manier so Etwas härtlich ist, — und, wie Michael Angelo's seine, nicht so eigentlich grazieus, — dagegen aber, ist sie in einem so grossen Geschmacke! —

Mein Vater, der gemeiniglich alles aus einem ganz andern Lichte betrachtete, wie andere Menschenkinder — wollte bey alledem niemals zugeben, daß dieses ein Original wäre. — Er hielt vielmehr **Ernulphus** Anathema für eine Institution der Flüche, in welcher, wie er argwöhnte, als unter der milden Regierung irgend eines Pabstes das Fluchen in Verfall gerieth, **Ernulphus**, auf Befehl eines folgenden Hauptes der Kirche, mit grosser Gelehrsamkeit und grossem Fleisse, alle Gesetze desselben zusammen getragen hätte, — aus eben der Ursache als **Justinian**, beym Verfall des römischen Reiches, seinem Canzler **Tribonianus** befohlen hätte, die **römischen** oder **Civil** Gesetze alle in einen Codex zu sammlen, — damit sie nicht durch den Rost der Zeit — und durch das gewöhnliche unglückliche Schicksal aller Dinge, die der mündlichen Ueberlieferung anvertrauet werden, ganz und gar für die Welt verlohren gehn möchten.

Aus dieser Ursach, wie mein Vater oft behauptete, wäre nicht ein einziger Fluch, von dem

dem grossen und grausen Eide König Wilhelms des Eroberers an, (bey dem Glanze Gottes) bis zu dem gemeinsten Fluche eines Gassenkehrers, (**daß du blind würdest,**) der nicht im Ernulphus stünde. — Kurz, pflegte er hinzuzusetzen, — den will ich sehen, der einen neuen Fluch vorbringen kann!

Die Hypothesis ist, wie die meisten von meines Vaters seinen, sonderbar, und sinnreich obendrein; — ich hab' auch weiter nichts dagegen, als daß sie die meinige übern Haufen stößt.

Dreyzehntes Kapitel.

— Gott segn' uns! — meine arme Herrschaft wird ganz ohnmächtig, — und sie hat keine Wehen mehr — und die Tropfen sind alle worden — und das Julepsglas ist entzwey gebrochen — und die Wartsfrau hat sich in den Arm geschnitten, — (und ich in den Daumen, rief Doktor Slop) und das Kind ist, wo's war, fuhr Susanna fort, — und die Bademutter ist rücklings über geschlagen, und mit den Lenden auf den Caminheerd gefallen, daß sie so schwarz sind, als eine taube Kohle — ich will darnach sehn, sagte Doktor Slop. — 'S ist nicht nöthig, versetzte Susanna, — Sehn Sie nur nach meiner Herrschaft. — Aber die Bademutter wollt' Ihnen gerne erst bescheid sagen, wie's steht, und läßt Ihnen sagen, Sie sollten gleich herauf kommen, daß sie mit Ihnen sprechen könnte.

Die menschliche Natur äussert sich auf gleiche Weise, in allen Profeßionen.

Eben vorher war die Hebamme dem Doktor Slop übern Kopf gesetzt worden — das hatt' er noch nicht verdauet. — Nein, antwortete der Doktor, es wäre wohl eben so schicklich, wenn die Bademutter zu mir herunter käme. — Ich liebe die Subordonation, sagte mein Oncle Toby, und wenn die es nicht gethan hätte, so weiß ich nicht, was nach der Einnahme von Lisle aus der Besatzung von Gant geworden seyn möchte, bey dem Brodtumulte Anno Zehn. Ich eben so wenig, versetzte

Doktor

Doktor Slop, (uud parodirte meines Oncle Toby's steckenreiterische Anmerkung, ob er gleich selbst eben sowohl auf seinem Steckenpferde saß,) wüßte, Herr Capitain Schandy, was aus der Besatzung da über unserm Kopfe geworden seyn möchte, bey der Unordnung und dem Tumulte, worinn ich itzt alles finde, thät' es nicht die Subordination der Finger und des Daumens unter * * *, die mir, unter meinen itzigen Umständen, so glücklich zu statten kommt; sonst hätt' es die schandysche Familie fühlen können, so lange sie schandysche Familie heißt, daß ich mir heute in den Daumen geschnitten.

Vierzehntes Kapitel.

Laß uns zurückgehn, zu den * * *, — im vorigen Kapitel.

Es ist ein besondrer Griff in der Redekunst (zum wenigstens war es, da die Beredsamkeit zu Athen und Rom im Flor war, und würd' es noch seyn, wenn unsre Redner Mantel trügen,) den Namen eines Dinges nicht zu nen-

nennen, wenn man das Ding selbst bey der Hand, in petto, bereit hatte, es husch! vorzuweisen, gerade an dem Orte, wo es nöthig war. Eine Wunde, eine Narbe, ein Schwert, ein durchlöchertes Gewand, ein blutiger Helm, ein anderthalb Pfund Pottasche in einer Urne, oder dreyers Topfe von Thon, — vor allen Dingen aber ein zartes Kind, in königlichem Putze. — Freylich wenns noch zu jung, und die Rede so lang war, als Cicero's Zweyte Philippische, — mußte es nothwendig des Redners Mantel unsauber machen. — Und wiederum, wenn es zu alt war, mußte es ihm beschwerlich fallen, und seiner Aktion hinderlich seyn, — dergestalt, daß er durch das Kind eben soviel verlohr, als er dadurch gewinnen konnte. — Wenn aber ein politischer Redner das wahre Alter bis auf eine Minute richtig getroffen, — sein *Bambino* so listig unter seinen Mantel verborgen hatte, daß keine sterbliche Nase es riechen, — und es da in einem so entscheidenden Augenblicke hervorbrachte, daß keine Seele sagen konnte, es würde bey den Haaren herbey gezogen — O, Ihr Herren, da

that

that es Wunder! — Es hat wohl ehe die Geldbeutel einer halben Nation eröfnet, ihre Gehirne verrückt, ihre Grundsätze erschüttert, und ihre Staatskunst aus Angel und Hespen gesetzt.

Solche Thaten lassen sich jedoch nicht thun, als nur, sag' ich, in den Staaten und Zeiten, wo die Redner Mantel trugen; — und zwar hübsch weite, meine lieben Brüder, von einigen dreyßig oder vierzig Ellen gutem aufrichtigen, superfeinen rothen Scharlach, — mit lang hingegossenen Falten, nach hoher edler Zeichnung in der Draperie. — Aus welchem Allen, mit Ewr. Hochwohlgebohrnen gnädigen Erlaubniß, erhellet, daß der Verfall der Beredsamkeit, und daß Heutzutage, sowohl heimlich als öffentlich, so wenig damit ausgerichtet wird, an nichts andern in der Welt liegt, als an den kurzen Röcken, und daß die Pluderhosen abgekommen sind. — Unter den unsrigen, Madame, können wir nichts mehr verbergen, das sich der Mühe verlohnte, vorzuweisen.

Funfzehntes Kapitel.

Es fehlte nur um ein Härchen, so wäre Doktor Slop eine Ausnahme, von dem, was ich hier alles vorgetragen habe, geworden; denn da er eben seinen grünen Filetbeutel vor sich auf den Knieen liegen hatte als er begann, meinen Oncle Toby zu parodiren, — so war der für ihn so gut, als der beste Mantel von der Welt. Wes Endes er dann, als er voraussah, seine Phrasis würde sich mit seinem neu erfundnen Forceps endigen, seine Hand in den Beutel steckte, um solchen bereit zu halten, an der Stelle damit hervorzuwischen, woselbst Ewr. Hochwürden so aufmerksam auf die *** wurden, welches, wenn ers recht gemacht hätte, — meinen Oncle Toby gewiß gesprengt haben würde. In dem Falle wären der Satz und der Beweiß in einem Punkte so fest in einander gelaufen, wie die zwey Linien, welche die vorspringende Spitze eines Ravelins machen, — Doktor Slop hätte sich gewiß nicht herausgezogen, — und mein Oncle Toby hätte eben so leicht daran gedacht, zu fliehen, als es mit Sturm zu erobern.

obern. — Aber Doktor Slop kramte so lange dabey, als er ihn herausnehmen wollte, daß die ganze Wirkung darüber verlohren ging, und was noch ein zehnmal grösseres Unglück dabey war, (denn ein Unglück kommt selten alleine) so wie er den Forceps hervorzog, brachte er schändlicher Weise auch die Sprütze mit zum Vorscheine.

Wenn eine Proposition in zweyerley Sinn genommen werden kann, — so ist es ein Gesetz in der Disputirkunst, daß der Respondens auf denjenigen von beyden antworten mag, der ihm gut oder zuträglich däucht. — Dies brachte den Vortheil des Arguments ganz auf meines Oncle Toby's Seite. — „Ach „lieber Gott!„ rief mein Oncle Toby, „werden die Kinder mit einer Sprütze „auf die Welt gebracht?„

Sechszehntes Kapitel.

— Bey meiner Ehre, Herr Doktor, Sie haben mir mit Ihrem Forceps die Haut von meinen beyden Händen rein abge-

riss-

rissen, rief mein Oncle Toby, — und obendrein haben Sie mir alle Knöchel zu Brey gequetscht. S' ist Ihre eigne Schuld, sagte Doktor Slop, — Sie hätten Ihre beyden Hände falten, und halten sollen, wie einen Kindeskopf, wie ich Ihnen sagte, und festsitzen. — Das that ich ja, antwortete mein Oncle Toby. — Ja, so müssen die Zähne meines Forceps nicht recht gefüttert, oder das Niet zu locker seyn, — oder auch der Schnitt in meinen Daumen, hat mich nicht recht ansetzen lassen, — oder 's ist auch möglich — Ein Glück ists, sagte mein Vater, und unterbrach das Herrechnen aller Möglichkeiten — daß das Experiment nicht zuerst an meines Kindes Kopfe gemacht ist. — Das hätte ihm nicht so viel schaden sollen, als ich im Auge leiden kann, antwortete Doktor Slop. Ich behaupte es, sagte mein Oncle Toby, es hätte sein Cerebellum zerbrochen, (oder der Schädel hätte so hart seyn müssen, als eine Granate) und ein ordentliches Pappmus daraus gemacht. Warum nicht gar! versetzte Doktor Slop; ein Kindskopf ist von Natur so weich, als ein gebratner Apfel, — die

Su=

Suturen geben nach — und überdem hätt' ichs auch hernach bey den Füssen holen können. — Das sollen Sie wohl bleiben lassen, sagte sie. — Ich wünschte lieber, daß Sie den letzten Weg gleich einschlügen, sagte mein Vater.

O thun Sie doch das, setzte mein Oncle Toby hinzu.

Siebzehntes Kapitel.

— Aber, gute Frau, will Sie's auf Ihre Verantwortung nehmen, wenns Aergste zum Argen kommt, und sagen, daß es nicht eben sowohl die Hüfte, als der Kopf des Kindes seyn kann? — 'S ist ganz gewiß der Kopf, versetzte die Hebamme. Weil, (fuhr Doktor Slop fort, und wendete sich an meinen Vater,) so zuversichtlich die alten Frauen auch gemeiniglich zu seyn pflegen, das eine Sache ist, die man sehr selten recht wissen kann, — und doch sehr wichtig ist, zu wissen; — denn, mein Herr, wenn man die Hüfte für den Kopf hält, so ist es leicht, (wenns ein Knabe ist) daß der Forceps * * * * * * * * * * * * * * * * *. —

Was das sey, das so leicht wäre, das wisperte Doktor Slop meinem Vater, und dann auch meinem Oncle Toby ganz leise ins Ohr. — Beym Kopfe ist die Gefahr gar nicht, fuhr er fort. — Wahrhaft nicht, freylich! sagte mein Vater, — wenn aber einmal das, was bey der Hüfte so leicht, geschehen ist, — so mögen Sie nur eben so lieb den Kopf auch abreissen.

— Moralischer Weise davon zu reden, ists unmöglich, daß der Leser dieses verstehn könne; — genug aber, daß es Doktor Slop verstund; — und damit nahm er den grünen Beutel in die Hand, und in Obadiahs abgeschnittenen Schuhen, schlich er, für einen Mann von seiner Dicke, noch behende genug, durchs Zimmer nach der Thüre; — und vor der Thüre ließ er sich von der guten alten Hebamme den Weg nach meiner Mutter Zimmer weisen.

Achtzehntes Kapitel.

Es ist zwey Stunden und zehn Minuten, — und länger nichts — schrie mein Vater,

wo

wobey er auf die Uhr sah, seitdem Doktor Slop und Obadiah angekommen sind. — Und ich weiß nicht, Bruder Toby, wie es zugeht — aber meinen Gedanken kommts fast wie hundert Jahr vor.

— Da, mein Herr — nehmen Sie, ich bitte, meine Kappe — Ja, die Schelle nur auch, und meine Pantalonsschuh dazu. —

Nun sehn Sie, mein Herr, es steht alles zu Ihrem Dienste; und es soll Ihnen geschenkt seyn, wenn Sie mir alle Ihre Aufmerksamkeit auf dieses Kapitel leihen wollen.

Obgleich mein Vater sagte, „er wüßte „nicht, wie es zuginge„ — so wußt' er doch recht gut, wie es zuging; — und den Augenblick, da ers sagte, war er schon in seinem Sinne entschlossen, meinem Oncle Toby, eine metaphysische Dissertation über die **Dauer und ihre simplen Modificationen** zu halten, um ihm die Sache klar zu machen, und ihm zu beweisen, durch welchen Mechanismus und Maasstaab im Gehirne es geschehen, daß die schnell abwechselnde Folge ihrer Ideen, und das beständige Ueberhüpfen ihres Gespräches von einer Sache zur andern, seitdem Doktor Slop zu ihnen ins Zimmer gekommen, eine so kurze Zeit zu einer so unbegreiflichen Länge habe ausdehnen können. — „Ich weiß nicht, wie es zugeht — „sagte mein Vater — aber es kommt mir vor, „wie hundert Jahr.„

— Das kommt bloß von der Folge unsrer Ideen, sagte mein Oncle Toby.

Mein Vater hatte mit allen Philosophen den Kitzel gemein, über alles was ihm vorkam zu philosophiren, und das **Warum** zu beweisen. — Er versprach sich also ein unendliches Vergnügen von seiner Dissertation über die Succeßion der Ideen, und dachte Meilenweit nicht daran, daß mein Oncle Toby ihm solche vorm Maule wegnehmen würde, der gemeiniglich (die ehrliche Seele!) jedes Ding so nahm, wie es vorkam, — und der unter allen Menschen in der Welt sein Gehirn am wenigsten mit abstracktem Denken marterte. — Die Ideen von Zeit und Raum, — oder wie wir zu diesen Ideen kommen, — oder aus was für Stoff solche geschnitten sind, — oder ob sie uns angebohren sind, — oder ob wir solche hernach erst aufsammlen, — oder ob wir das thun, wenn wir noch im Kinderröckgen gehn, — oder erst, wenn wir Beinkleider bekommen haben, — nebst tausend andern Untersuchungen und gelehrten Fragen über das **Unendliche**, die **vorherbestimmte Harmonie**, den **freyen Willen**, die **unbedingte Nothwendigkeit**, und dergleichen, über deren verzweifelte und unauflösbare Theorien so mancher feine Kopf vor die Hunde gegangen ist — thaten meines Oncle Toby's Kopfe nicht den geringsten Schaden. Mein Vater wußte das — und erstaunte daher nicht weniger über seine zufällige Auflösung, als er darüber betroffen war.

Weißt Du denn die Theorie von den Ideen? versetzte mein Vater.

Gar nicht, sagte mein Oncle.

 — Du

— Du hast doch aber einige Ideen, sagte mein Vater, von dem, worüber Du sprichst.

Eben so wenig, als mein Pferd, versetzte mein Oncle Toby.

O lieber Himmel, rufte mein Vater, wobey er die Augen gen Himmel richtete, und seine beyden Hände zusammenschlug — in Deiner unschuldigen Unwissenheit, Bruder Toby, liegt eine solche Würde — daß es fast Schade ist, Dich herauszureissen — Ich will Dir aber sagen —

Um richtig zu verstehen, was die Zeit ist, ohne welches wir niemals das begreifen können, was man **Unendlich** nennt, weil die Eine ein Theil des Andern ist — müssen wir sorgfältig untersuchen, was das für eine Idee sey, die wir von der **Dauer** haben, so, daß wir genaue Rechenschaft geben können, wie wir dazu gelangt sind. — Wem in der Welt geht das was an? sagte mein Oncle Toby. Denn (*) wenn **Du Deine Augen** auf das

(*) Siehe Locke.

das Innre Deiner Gedanken richtest, fuhr mein Vater fort, und solche aufmerksam beobachtest, so wirst Du gewahr werden, Bruder, daß, derweile Du und ich hier sprechen, und denken, und unsre Pfeife rauchen, oder auf eine andre Art, nach und nach, Ideen in unsre Seelen bekommen, wir uns bewußt sind, daß wir da sind; und wenn wir die Dauer, oder die Währung unseres eignen Daseyns, oder eines jeden andern Dinges, nach dem Maasstaabe der Ideen in unsrer Seele schätzen und messen: so folgt aus diesem Vorsatze — Du machst, daß mir der Kopf schwindelt, rufte mein Oncle Toby.

— Hieraus entsteht denn, fuhr mein Vater fort, wenn wir in unsrer Berechnung der Zeit, so an Minuten, Stunden, Wochen und Monate gewöhnt sind, — und an die Uhren, [ich wollte daß keine solche Dinger (Wanduhren besonders) in der Welt wären!] um uns und denen, die mit uns zu schaffen ha=

haben, ihre verschiedenen Theile auszumessen, — daß es ein grosses Wunder seyn wird, wenn es nicht mit der Zeit noch dahin kommt, daß die Succeßion unsrer Ideen, uns ganz und gar unnütz wird.

Nun ist, wir mögen es bemerken, oder nicht, fuhr mein Vater fort, in dem Kopfe eines jeden gesunden Menschen, eine regelmäßige Succeßion der Ideen, einer oder andern Art, welche auf einander folgen wie — ein Artilleriezug? sagte mein Oncle. — Warum nicht gar Fidelbogenzug! sagte mein Vater leise. — Welche in unserer Seele in gewissen Distanzen auf einander folgen, wie die Bilder in der inwendigen Seite einer Laterne, welche von der Wärme eines Lichts rund gedrehet werden. — Ich versichre Dich, sagte mein Oncle Toby, meine drehen sich wie eine Rauchfahne. Wenn das ist, Bruder Toby, so habe ich Dir über diese Materie weiter nichts zu sagen, versetzte mein Vater.

Neunzehntes Kapitel.

— Was hier für eine herrliche Conjunktur verlohren ging! — mein Vater in ei-

einer seiner besten Launen zu erklären — in hitziger Nachspürung eines metaphysischen Punkts, bis hin in die entferntesten Winkel, woselbst solchen bald Wolken und dicke Finsterniß eingehüllt haben würden. — Mein Oncle Toby in der schönsten Disposition dazu von der Welt; — sein Kopf wie eine Rauchfahne auf einem Schornsteine — die Feuermauer ungekehrt, und die Ideen sich beständig darinn herum wirbelnd, alle dick und überzogen von rußiger Materie — Beym Grabmahle Lucians! — wenn sichs noch findet, — wo nicht? Nun, dann bey seiner Asche! bey der Asche meines theuren Rabelais, und des noch theurern Cervantes, — meines Vaters und meines Oncle Toby's Gespräch über Zeit und Ewigkeit — war ein sehr wünschenswürdiges Gespräch! und die Heftigkeit des Unwillens, womit mein Vater es so kurz abbrach, raubte aus der antologischen Schatzkammer ein solches Kleinod, als die glücklichste Vereinigung grosser Gelegenheiten und grosser Männer, ihr schwerlich jemals wieder ersetzen wird.

Zwanzigstes Kapitel.

Obgleich mein Vater darauf beharrte, das Gespräch nicht fortzusetzen, — so konnte er doch meines Oncle Toby's Rauchfahne nicht aus dem Kopfe bringen; — so sehr er sich auch anfangs darüber ärgerte; — Im Grunde steckte Etwas in der Vergleichung, welches seine Einbildungskraft in Gang brachte; deswegen stützt' er seinen Ellenbogen auf den Tisch, und die rechte Seite seines Kopfes mit der flachen Hand, — und, — erst aber sah er starr ins Feuer — begann für sich selbst zu denken und darüber zu philosophiren. Da aber seine Lebensgeister von der Arbeit, neue Spuren auszuspähen, und der beständigen Anstrengung seines Nachdenkens über die Mannichfaltigkeit der Gegenstände, die im Gespräche vorgefallen waren, erschöpft worden — so drehete die Idee von der Rauchfahne alle seine Ideen sehr bald über und über — und er fiel noch eher in einem Schlaf, eh ers einmal merkte.

Meines Oncle Toby's Rauchfahne hatte sich ebenfalls noch kein Dutzendmal herumge=

gedrehet, als er auch einschlief. — Ich wünsche beyden wohlzuruhn! — Doktor Slop hat Oben mit der Hebamme und meiner Mutter zu schaffen. — Trim hat beyde Hände voll damit zu thun, daß er aus ein Paar alten steifen Reitstiefeln ein Paar Mörser macht, die nächsten Sommer bey der Belagerung von Messina gebraucht werden sollen, — und boret eben diesen Augenblick mit einem glühenden Feuerstocher die Zündlöcher hinein. — Alle meine Helden sind abgefertigt. — Zum Erstenmale kann ich einen Augenblick für mich erübrigen, — und ich will ihn brauchen, und meine Vorrede schreiben.

Vorrede des Autors.

Nein, kein Wort will ich darum verlieren. — Hier liegts; — so wie ichs drucken ließ — hab' ich an die Welt appellirt, — und der Welt übergebe ichs — es muß seine Sache selbst führen.

Alles was ich davon weiß, ist, — als ich mich hinsetzte war meine Absicht, ein gutes Buch zu schreiben; und soviel es die Biegsamkeit meines Verstandes aushalten wollte — ein weises, ja selbst ein vernünftiges Buch, — ich war bloß darauf bedacht, bey meiner Ausführung allen Witz und Verstand (es sey nun wenig oder mehr) hineinzulegen, welchen der grosse Urheber und Bescheerer desselben für gut gefunden hat, mir zu meinem eignen Theile zu verleihen, — so, daß es, wie Ew. Wohlgebohrnen sehen, gerade so ist, wie's Gottes Wille war.

Nun sagt Agalastes, (mit verächtlicher Miene) es möchte wohl freylich einigen Witz enthalten. — Verstand aber ganz und gar nicht.

nicht. Und Triptolemus und Phutatorius, die ihm beystimmen, fragen, wie sollte der auch hineinkommen? denn Witz und Verstand finden sich niemals in dieser Welt bey einander; das sind zwey Wirkungen der Seelenkräfte, die soweit von einander entfernt liegen, als der Morgen vom Abend. — So sagt Locke: — wie die Winde, die dem Menschen an den entgegengesetzten Enden abgehn, sag' ich. Um aber hierauf zu antworten, so behauptet und beweiset Didius, der grosse Canonist, in seinem Codice *de fartandi et illustrandi fallaciis* ganz deutlich, daß Vergleichen und Beweisen zweyerley ist, — auch ich behaupte nicht, daß das Abwischen einer Brille ein Sillogismus sey. — Sie aber alle, mit Ewr. Wohlgebohrnen Wohlnehmen, sehn doch hernach besser dadurch, — so, daß also der hauptsächliche Nutzen, den diese Dinge stiften, darinn besteht, daß sie bloß den Verstand klar machen, ehe der Beweiß vorgelegt wird, um ihn von allen den kleinen Klumpen oder undurchsichtigen Körperchen zu reinigen, welche, wenn sie darinn herumschwimmend gelassen würden, die Empfängpfänglichkeit verhindern und alles verderben möchten.

Nun, meine lieben **Antischandianer**, meine fix= und fertige Kunstrichter, und Brüder im Gänsekiel (denn für Sie schrieb ich diese Vorrede,) und Sie, äusserst subtile Staatsmänner und kluge Doktores, (o stecken Sie Ihre Bärte nur in die Taschen!) berühmt wegen Ihrer Ernsthaftigkeit und Weisheit; — **Monopolus**, mein Politiker, — **Didius**, mein Consulent; — **Kysarcius**, mein Freund; — **Phutatorius**, mein Führer; — **Gastripheres**, der Erhalter meines Lebens; **Somnolentius**, sein Balsam und Opiat, — aller andern nicht zu vergessen, sie seyn schlafend oder wachend, — geistlich oder weltlich, welche ich geliebter Kürze halber, und keineswegen weil ich ihnen böse bin, zusammen in ein Bündel werfe — Glauben Sie mir, nach Standes Gebühr, hochzuverehrende Herren.

Mein heissester Wunsch und inbrünstiges Gebet für Sie, und für mich dazu, ist — im Fall wir nicht schon unser bescheiden Theil

da=

dahin haben sollten — daß die grossen Gaben, sowohl an Witz als Verstande, mit allem übrigen was gewöhnlich dazu gehört, als Gedächtniß, Phantasie, Genie, Beredsamkeit, schnelle Begriffe, und wie es alles heißt, zu dieser guten Stunde, in vollgerütteltem Maasse, ohne Zaudern und Zögern, so warm als jeder von uns es leiden könnte, — mit Schaum, Hefen und Allem; (denn ich wollte nicht gerne, daß ein Tröpflein in die Krätze ginge) möge herabgegossen werden, in diese eigentlichen Behältnisse, Zellen, Zellelcins, Wohn- Schlaf- Speise- und Polterkämmerchen unsrer Gehirne, — auf solche Weise, daß sie, nach der wahren Absicht und Meynung dieses Wunsches, beständig fort eingesprützt und eingetrichtert würden, bis jedes Gefäß darinn, groß oder klein, davon so gefüllt, getränkt und gestopft voll sey, daß, sollte auch eines Menschen Leben dadurch gerettet werden, nicht das geringste mehr hinein oder heraus gehn könnte.

Himmel! — Was für vortrefliche Arbeit würden wir machen! — Wie würde mirs flieszfliessen! — Wie lustig würde für solche Leser meine Feder fliegen! — und Sie, gerechter Himmel! — mit was für Entzücken würden Sie sitzen und lesen! — Aber, O — 'S ist zu viel, — mir wird nicht wohl! — der Gedanke daran läßt mich in eine süsse Ohnmacht fallen! — 'S ist mehr, als die Natur ertragen kann! — wer hält mich! — 'S geht alles mit mir rund! — mir wird schwarz vor den Augen, — Ich sterbe, — ich bin todt. — Helft! helft! helft! — Laßt nur! — Mir wird schon ein wenig besser, denn ich fang' an, vorauszusehn, wenn dies vorüber ist, weil wir alle witzige Köpfe seyn würden — so würden wir keinen Tag lang durch in Frieden leben. — Da würd' es ein armes Leben geben von Satiren, Spöttereyen, — Sticheln, Stacheln, Witzeln, Verdrehen, Verantworten, — in jedem Winkel würde es was zu stossen und auszupariren geben, und allenthalben nichts als Händel! — Keusches Gestirne! was für ein Gebeisse und Gekratze! was für Gelärme, was für Gezische würden wir machen! was für blutige Köpfe, was für Fäusterey, was für

blaue

blaue Augen! — Nein, das Leben wäre nicht auszustehen.

Dabey aber wieder, weil wir alle Männer von vielem Verstande wären, so würden wir alle Sachen eben sobald wieder in ihr Gleis bringen, als sie anfiengen schief zu laufen: und ob wir uns einander gleich zehnmal ärger hassen würden, als so viel Satanasse und Satanaßinnen, so würden wir doch, meine lieben Herzensfreunde, ganz Zuckersüß, ganz Lieb und Freundlichkeit seyn; — Milch und Honig! — Ein zweytes gelobtes Land wär es, — ein Paradies auf Erden, wenn irgend eines möglich ist, — so, daß wir im Ganzen noch ganz gut dabey fahren würden.

Alles, worüber ich mich ärgre, und was meiner Erfindung itzt noch am meisten Schaden thut, ist, wie die Sache selbst möglich zu machen seyn möchte; denn, wie Ew. Wohlgebohrnen recht gut wissen, so ist von diesen himmlischen Ausflüssen, Witz und Verstand, davon ich sowohl Dero als mir so reichlich gewünschet habe — nur ein gewisser **Vorrath**

für

für uns alle in der Schatzkammer vorhanden, zum Behuf und Gebrauch des ganzen menschlichen Geschlechts; und werden nur solche kleine Portionen davon in die Welt geschickt, welche hie und da in irgend einem Nebenwinkel zirkuliren, — und in so schmalen Strömen, und in so erstaunlich weiten Zwischenräumen von einander, daß man sich wundern möchte, wie es für die dringendsten Bedürfnisse so mancher grossen Staaten und volkreichen Länder, hinreichen könne!

In der That kann das Eine dabey in Betrachtung kommen, daß in Nova Zembla, in Lappland und in allen diesen kalten und ungeschlachten Gegenden des Erdballs, welche unmittelbarer unter den Polarzirkeln liegen, — wo der ganze Umfang der Angelegenheiten eines Menschen, fast neun Monate durch, in dem engen Raume seiner Höhle liegen, — woselbst die Lebensgeister jämmerlich zusammen gedrückt sind, — woselbst die Leidenschaften eines Menschen, mit allen ihrem Zubehör, eben so kalt sind, als die Zone selbst — daß daselbst, sag' ich, die kleinste nur ersinnliche

Quan=

Quantität von Verstand es thun kann, — und Witz — der wird dort völlig gespart. — Denn da kein Funken davon gebraucht wird, — so ist auch kein Funken gegeben. O ihr Engel und Heiligen steht uns bey! was für eine traurige Sache wäre es gewesen, ein Königreich zu regieren, eine Schlacht zu liefern, einen Frieden zu schliessen, ein Pferderennen zu halten, ein Buch zu machen, ein Kind zu schreiben, oder ein Provincialkapitel zu halten, in einem Lande, wo man einen solchen überflüßigen Mangel an Witz und Verstande vor sich gefunden hätte. Ums Himmelswillen, nicht länger daran gedacht, sondern so rasch als möglich weiter gereiset nach Norwegen. — Laß uns, wenns gefällig ist, über Schweden setzen, durch die kleine dreyzipfelige Provinz Angermanland, bis an den bothnischen Sinus; an seiner Küste können wir herumziehn durch Ost- und Westbothnien, hinunter bis Carelien, und von da weiter durch alle diese Länder und Provinzen, welche an der guten Seite des finnischen Meerbusens und der Ostsee liegen, bis hin nach Petersburg zu; wir können auch ein wenig in Ingrien ansprechen; — von da weiter geradezu über die nördlichen Länder von Rußland — Siberien ein wenig zur linken Hand liegen lassen — bis wir mitten ins Herz der rußischen und asiatischen Tartarey angelangt sind.

Nun, sehn Sie, auf der langen Reise, die ich Sie geführt, müssen Sie bemerkt haben, daß die guten Leute schon viel besser daran sind, als in den Ländern nah' am Pole, die wir eben verlassen haben; denn, wenn Sie die Hand über die Augen halten, und ganz genau zusehen, so können Sie, so zu sagen, einige kleine Fünkchen von Witz und einen hinlänglichen Vorrath von gutem Hausbackenverstande gewahr werden, womit sie sich, die Qualität und Quantität zusammen genommen, ganz gut durchhelfen. — Und hätten sie mehr oder bessern, so würde solches das gehörige Gleichgewicht unter ihnen aufheben, ja, ich bin sogar sicher, es würde ihnen an Gelegenheiten fehlen, Gebrauch davon zu machen.

Begleite ich Sie nun wieder heim, mein Herr, nach diesem wärmern und gailern Eylande, wo Sie bemerken, daß die Fluth unsers Bluts und unsrer Säfte sehr hoch aufläuft. — Woselbst wir mehr Ehrgeitz, und Hochmuth, und Neid, und Lüste, und andre vertrackte Leidenschaften zu zähmen und zu bändigen nöthig haben — so sehn Sie, daß die Höhe unsers Witzes und die Tiefe unsers Verstandes, mit der Länge und Breite unsrer Bedürfnisse in genauem Verhältnisse stehen, — und also wird davon ein so anständiger Vorrath unter uns von Obenherab ausgegossen, daß niemand denkt, er habe Ursache, sich zu beklagen.

Man muß indessen hiebey bekennen, daß, da unsre Luft bald heiß bald kalt wehet — bald feucht bald trocken ist, zehnmal des Tages, — so haben wir solche nicht immer in gleichem Maasse. — Zuweilen geht ein halbes Jahrhundert hin, daß man sehr wenig Witz oder Verstand unter uns zu sehen oder zu hören bekommt: — die kleinen Bäche scheinen dann ganz verseigt zu seyn. — Dann aber brechen plötzlich die Schleusen wieder offen, und strömen fort, daß es eine Art hat. Man sollte glauben, es würde kein Ende nehmen! — und das sind die Zeiten, da wir mit dem Degen, der Feder, und zwanzig andern Dingen der Tapferkeit, die ganze Welt in Respekt setzen.

Es ist die Folge dieser Bemerkungen, und einer sorgfältigen Art *per analogiam* zu schliessen, welche Verfahrungsart Suidas die dialektische Induktion nennt, — daß ich diesen Satz, als sehr sicher und wahr, zeichne und zur Schau stelle:

Daß es den Stralen dieser beyden grossen Lichtscheine von Zeit zu Zeit erlaubt wird, in solchem Maasse auf uns zu fallen, als Er, der alle Dinge in genauem Maaß und Gewichte austheilet, nach seiner unendlichen Weisheit erkennt, daß uns eben nöthig ist, uns auf unserm Wege in der Nacht unsrer Finsterniß zu erleuchten: so daß Ew. Hochwürden und Wohlgebohrnen nunmehr finden werden, wie es denn keinen Augenblick länger in meinem

Ver-

Vermögen steht, vor Ihnen zu verheimlichen, daß der brünstige Wunsch, den ich für Sie that, als ich die Vorrede begann, nichts weiter war, als das freundliche: wie befinden Sie sich? eines liebkosenden Vorredners, womit er seine Leser beschwichtiget; oder wie ein Liebhaber zuweilen seine spröde Geliebte zum Schweigen schmeichelt. Denn ach! könnte man diese Ergiessung des Lichts eben so leicht erhalten, als das Exordium wünschte — ich zittre, wenn ich daran denke, wie manche Tausende im Finstern wandelnde Pilger, (in den gelehrten Wissenschaften wenigstens) eben dadurch hätten in allen Nächten ihres Lebens im Finstern forttappen und fortirren müssen; — mit den Köpfen gegen Pfeiler und Pfosten, daß das Gehirn daran bekleben, ohne jemals zu ihrem Zwecke zu gelangen (*); — einige wären mit der Nase perpendikular in den Kloak, — andre horizontal mit dem Gesäß in die Pfützen gefallen. Hier hätte die eine Hälfte einer gelehr-

(*) Ich vermuthe bey- und wehmüthig, dieser Zweck sey wohl, in hellerleuchteten Kutschen zu fahren.

Der Uebersetzer.

ten Profeßion auf die andre gradezu collet gestossen, und wären dann einer über den andern in den Koth gepurzelt wie die Schweine. — Hier die Brüder einer andern Profeßion, welche gegen einander angehen sollten, wären dagegen wie ein Zug wilder Gänse in einer Reihe hinter einander hergeflogen. — Welche Verwirrung! — welche Irrthümer! Musici und Mahler, die nach ihren Ohren und Augen urtheilen! — schön! — sich damit begnügen, was die Komposition einer Arie, oder eine für das Herz gemahlte Historie, für Leidenschaften erregt — anstatt solche mit einem Quadranten auszumessen!

Im Vorgrunde dieses Gemähldes einen **Staatsmann**, der das politische Rad, wie ein Dummkopf links dreht — gegen den Strom des Verderbens — wahrhaftig! und sollte mit ihm drehen.

In dieser Ecke ein Sohn des göttlichen **Esculapius**, der ein Buch gegen die Prädestination schreibt; noch ärger wohl gar — der wirklich den Puls seines Kranken, anstatt seines

nes Apothekers Puls betastet — Im Hintergrunde ein Bruder der Fakultät auf seinen Knien in Thränen, — der den Vorhang aufzieht, ein ausgezehrtes Schlachtopfer besucht, solches um Vergebung bittet, und ihm Geld anbietet, — ohne welches zu fodern.

In jenem geräumigen Saale eine Versammlung rechtsgelehrter Richter, von allen Gerichtsbänken, die einen gottlosen, schändlichen, geldspillenden Proceß, aus allen ihren Kräften den unrechten Weg vor sich hintreiben — und ihn aus der Thüre wippen, anstatt herein — und zwar mit solcher Wuth in den Blicken, und solcher Emsigkeit bey ihrem Wippen, als ob die Gesetze wirklich dazu gemacht wären, Frieden und Wohlfahrt unter den Menschen zu erhalten: — Sie begehen vielleicht einen noch ungeheurern Irrthum — Eine Sache ist in gehöriger Form anhängig gemacht; — zum Exempel: ob Hanns Klumps Nase mit Fug und Recht in Jürgen Fysts Angesicht stehen könne, oder nicht? — und in fünf und zwanzig Minuten haben sie abgeurthelt, was mit den behuthutsamen Gründen *pro & Contra*, bey einem so verworrnen Processe, so viele Monate hätte wegnehmen können — und wenn er nach einem militarischen Plane wäre geführt worden (wie, nach Ew. Hochweisheiten Einsicht, eine Aktion billig sollte) mit allen dabey üblichen und möglichen Kriegslisten, als da sind — falsche Angriffe — forcirte Märsche, — Ueberfälle — Hinterhalte — masquirte Batterien, und tausend andre Streiche der Generalschaft, welche darinn bestehen, sich an beyden Seiten den ganzen Catechismum durchzufragen, — so hätten sie ihn mit allen Ehren so viele Jahre im Gange erhalten, und die ganze Zeit über für ein Centumvirat von ihrer Profeßion, Nahrung und Kleidung davonziehn können.

Und die Geistlichkeit — Nein — ich wollte mich lieber todt schiessen lassen, als gegen Die ein Wort sagen; — Ich mag nicht — und wenn ich auch möchte, — so darf ich, um alles in der Welt, diesen Gegenstand nicht berühren. — Mit so schwachen Nerven, so schwacher Gesundheit, in solchen Umständen,

den, worinn ich itzt bin, würde es mein Leben wagen heissen, wenn ich mich mit einer so herzlich traurigen Sache, noch mehr betrüben und niederschlagen wollte; — und also ist es sicherer, daß ich einen Vorhang darüber fallen lasse, und davon weg eile, so geschwind ich kann, um zu dem grossen Hauptpunkte zu kommen, den ich zu erklären mir vorgesetzt habe. Und das ist: wie es zugeht, daß die Männer vom wenigsten Witze, der Sage nach, Männer vom meisten Verstande seyn sollen. — Merken Sie aber — ich sage: der Sage nach, — denn weiter ist es nichts, meine lieben Herren, als eine Sage, und von der ich behaupte, daß sie gleich zwanzig andern, die man alle Tage auf Treu und Glauben für baares Geld nimmt, nichts weiter ist, als ein elender, hämischer Schnickschnack.

Dieses will ich den Augenblick, durch Hülfe einer bereits vorausgeschickten, und, wie ich hoffe, von Ewr. Hochwürden und Ewr. Wohlgebohrnen, bereits erwogenen und beherzigten Bemerkung darthun.

 Ich

Ich kann die ordentlichen *Dissertations in forma* nicht leiden. — Und vor allen Dingen in der Welt, kömmt mirs als das einfältigste Ding vor, wenn man in einer Dissertation seine Hypothesis dadurch verdunkelt, daß man eine Menge langer und undurchsichtiger Worte, in grader Linie hinter einander zwischen sein eignes und seines Lesers Verstehungsvermögen hinstellt. — Da nach aller Wahrscheinlichkeit, hätte man sich nur umher gesehen, man Etwas liegend oder stehend gewahr geworden wäre, welches den Punkt auf Einmal klar gemacht hätte — „Denn, was für Scha„den, Nachtheil oder Hinderniß kann die „löbliche Begierde nach Wissen einem Manne „bringen, ob hergenommen von einem Narren „oder Karren, von einem Gecken oder Hinterfle„cken, einem Fausthandschuh, einem Windeklo„ben, einem Schmelztiegeldeckel, einer Oelbul„le, einem alten Socken, oder einem geflochtnen „Rohrstuhle.„ So eben sitz ich auf einem. Wollen Sie mir erlauben, daß ich Ihnen die Sache von Witz und Verstande, durch die beyden Knäufe auf seiner Rücklehne erläutere? — Sehn Sie, sie stecken hier ganz locker

mit

mit zwey Zapfen in ihren Zapflöchern, und sollen das, was ich zu sagen habe, in ein so helles Licht setzen, daß Sie die ganze Meynung und den tiefen Sinn meiner ganzen Vorrede so deutlich sehn sollen, als ob jeder Punkt und jedes Körnchen derselben aus Sonnenstrahlen gemacht wäre.

Ich geh nun straks zur Sache selbst über.

— Da, hier steht der **Witz** — und da, dicht dabey, steht der **Verstand**, wie die beyden Knäufe, wovon ich spreche, auf der Lehne dieses leibhaftigen Stuhles, worauf ich sitze. — Sie machen, wie Sie sehn, die höchste und vornehmste Zierde an seinem Machwerk aus, — wie Witz und Verstand an dem unsrigen — und sind, ohne allen Zweifel, beyde eben so wohl ersonnen und gemacht, um, wie man zu sagen pflegt, **einander zu entsprechen.**

Nun, um die Erfahrung zu Hülfe zu nehmen, und die Sache desto deutlicher zu machen, — laßt uns auf einen Augenblick, einen von

die-

diesen künstlichen Zierrathen, (mir ists gleichviel, welchen Sie wollen) von der Lehne oben, worauf er gesteckt ist, herabnehmen; — Nein, lachen Sie nicht darüber! — Nun? haben Sie wohl Ihr Lebstage ein so lächerliches Ding gesehn, als es da geworden ist? — Machts nicht einen eben so erbärmlichen Anblick, als eine Sau mit einem Ohre? Und ist nicht das Eine eben so unschicklich und unsymetrisch, als das Andre? Kommen Sie, ich bitte, stehn Sie einmal auf, und betrachten es! — Nun, sagen Sie mir, sollte wohl ein Mensch, dem sein bisgen Stuhlmacherehre nur im Geringsten am Herzen liegt, sein Machwerk in dieser Gestalt aus den Händen geben? — Ja, beantworten Sie mir auf Ihr Gewissen die deutliche Frage, ob dieser einzelne Knauf, der da wie ein Narr allein steht, zu Etwas andern in der Welt nützen kann, als einen Anschauer zu erinnern, daß der andre fehlt? — und, lassen Sie mich weiter fragen: Wenn es Ihr eigner Stuhl wäre, sagen Sie gewissenhaft, würden Sie nicht denken, er würde ganz ohne allen Knauf besser stehn, als wie er da ist?

Da

Da nun diese beyden Knäufe — oder Hauptzierrathen der Seele eines Menschen, welche das ganze Werk krönen—wie ich gesagt, Witz und Verstand, unter allen andern, wie ich bewiesen habe, die aller nothwendigsten — die aller schätzbarsten — und diejenigen sind, ohne welche es erbärmlich mit uns aussieht, und folglich am schwersten zu bekommen sind: — so ist aus allen diesen Gründen zusammengenommen, kein sterblicher Mensch unter uns, so arm an Liebe zu einem guten Namen oder nahrhaften Amte, — oder so unwissend über dasjenige, was ihm dazu behülflich seyn kann, — der nicht wünschte und in seinem stillen Sinne fest entschlossen wäre, Eins oder das Andre davon zu besitzen, oder zu thun, als ob ers besässe; und freylich am liebsten Beydes, wenns sichs nur einigermaßen will thunlich oder glaublich machen lassen.

Weil aber die Hochansehnlichen Herren wenige oder gar keine Wahrscheinlichkeit für sich haben, nach dem Einen zu streben — so bitt' ich, wenn sie sich nicht das Andre zueigneten, — was würde wohl aus ihnen werden? was mey=

meynen Sie? Nicht wahr, meine Herren? Trotz aller ihrer hochansehnlichen Ernsthaftigkeit, hätten sie sich begnügen lassen müssen, ohne Unterfutter unterm Rocke zu gehen. — Dies war nicht möglich auszuhalten, als mit Hülfe vieler Philosophie, die wir im vorliegenden Falle wohl nicht voraussetzen können. — Man hätte es ihnen also eben nicht sehr übel genommen, wenn sie sich hätten begnügen lassen, hie und da ein wenig wegzuhaschen und unter ihre Mäntel und grossen Perücken zu verstecken, hätten sie nicht zu gleicher Zeit hinter den rechtmäßigen Eignern angeschrien, Diebe! Diebe!

Ich brauche Ewr. Wohlgebohrnen nicht zu sagen, daß dies mit soviel Ränken und List geschahe, — daß der grosse Locke, der sich selten durch falsche Töne irre machen ließ — hier gleichwohl überschnellet wurde. Das Geschrey, scheint es, war so stark und ernstlich, und ward durch Hülfe grosser Perucken, steifer Amtsgesichtern und andern Zubehör von Blendwerk, in dieser Sache gegen die armen **witzigen Köpfe** zu so einem allgemeinen

Ge=

Geschrey, daß der Philosoph selbst sich dadurch berücken ließ; — es war sein Ruhm, die Welt von einem Wuste tausenderley Irrthümern zu befreyen, — worunter dieser aber nicht mit war: So, daß er, anstatt sich kaltblütig niederzusetzen, wie es einem solchen Philosophen gebührte, und das Faktum zu untersuchen, eh' er darüber philosophirte; — nahm er im Gegentheile das Faktum für erwiesen an, und schrie mit, und das noch lauter und ärger, als die übrigen.

Dies hat nachher die Zunft der Herren von schweren Begriffen beständig als ihr Privilegium angeführt, — Ew. Hochwürden sehen aber klärlich ein, daß es auf eine Art erschlichen worden, daß das Recht darauf keinen Heller werth ist. — Und, beyher gesagt, ist dieses auch eine von den manchen schändlichen Aufhetztereyen, welche einst die in allerley ehrwürdige Gestalten verkappte Dummheit zu verantworten haben wird.

Was die grossen Perucken anbetrift, von denen ich vielleicht, nach einiger Meynung, zu frey gesprochen haben mag — so bitt' ich um Erlaubniß, alles das, was mir darüber Tadelhaftes oder Anzügliches entfahren ist, in eine Erklärung zu bringen: — daß ich nemlich gar keinen Groll dagegen hege, auch eben so wenig grosse Perucken als lange Bärte verabscheue oder abschwöre — als nur in soweit, wenn ich sehe, daß man sie grade zu diesem Hokus Pokus bestellt oder wachsen läßt — Uebrigens wozu man will — Glück damit! — ☞ Nur gemerkt, — für sie schreib' ich nicht.

Ein und zwanzigstes Kapitel.

Jeden Tag, seit wenigstens zehn ganzer Jahren, beschloß mein Vater, es ändern zu lassen — noch ists nicht geändert! — In keiner andern Haushaltung, als der unsrigen, hätte man es eine Stunde geduldet, — und was Sie noch mehr wundern wird, in keiner Sache von der Welt war mein Vater ebener und eigener, als über Thür und Angel. — Und nichts destoweniger war er sicherlich, nach meiner Meynung, einer von denen,

nen, die am meisten dadurch gelitten haben, die nur die Geschichte aufweisen kann: seine Theorie und seine Praxis lagen sich hierüber beständig in den Haaren. — Die Stubenthüre konnte nicht aufgehn — oder seine Philosophie, oder seine Grundsätze bekamen eine Ohrfeige; — drey Tropfen Oel auf einer Feder und ein guter Schlag mit einem Hammer hätten seine Ehre auf einmal gerettet.

Was ist der Mensch für ein widersinniges Ding! — kränkelt an Wunden, die es nur bey ihm steht zu heilen! — Sein ganzes Leben ein Widerspruch gegen sein bessres Wissen! — Seine Vernunft, diese ihm von Gott geschenkte theure Gabe — (anstatt Oel zur Lindrung aufzugiessen) dient ihm bloß, ihre Reitzbarkeit zu schärfen, — ihre Schmerzen zu vervielfältigen, und ihn dabey ungeduldiger und trauriger zu machen. — Warum, unglückliches Geschöpf, bist Du so! — Ists nicht genug an den unvermeidlichen Uebeln dieses Lebens, mußt Du denn den Haufen Deiner Bekümmernisse noch freywilliger Weise vermehren! — Da kämpft er gegen Uebel an, die nicht zu vermeiden stehn, und unterwirft sich andern, welche Ein Zenthel von der Mühe, die sie ihm machen, Ein- für Allemal von seinem Herzen wälzen könnte.

Bey allem was gut und tugendhaft ist! wenn innerhalb zwanzig Meilen in der Runde um Schandyhall noch drey Tropfen Oel, und ein Hammer zu finden sind, so soll die Hespe an der Thüre geändert werden — Noch unter dieser Regierung.

Zwey und zwanzigstes Kapitel.

Als Korporal Trim seine beyden Mörser beschickt hatte, freute er sich über die Maassen über das Werk seiner Hände; und, wohl wissend was es seinem Herrn für ein Vergnügen machen würde, sie zu sehen, konnte er dem Verlangen unmöglich widerstehen, solche stehendes Fusses nach seinem Zimmer zu bringen.

Ausser dem moralischen Satze, auf welchen ich, bey Erwähnung der Thüre und An-

Angel anspielte, hatte ich auch eine spekulativische Betrachtung aufm Korne, die daraus entspringt, und das ist diese.

Wäre die Thüre aufgegangen, und die Hespe auf dem Angel gelaufen, als Thüren eigentlich sollten —

— Oder, zum Exempel, eben so willig, als unsre Regierung — (das ist, wenn Ew. Hochwohlgebohrnen von ihr haben, was Sie wünschen, sonst will ich mein Gleichniß fahren lassen) — In dem Falle, sag' ich, wäre bey Korporal Trims Hereintreten keine Gefahr, weder für Herrn noch Bedienten, gewesen. — Den Augenblick, da er gesehn hätte, daß mein Vater und mein Oncle Toby fest schliefen — (so ehrerbietig war er in seinem Betragen) wäre er mausestill fortgegangen, und hätte sie beyde in ihren Lehnstühlen so süß fortträumen lassen, als er sie gefunden. Das war aber, menschlicher Weise davon zu sprechen, so unmöglich, daß während der vielen Jahre, da man diese Thüre so hatte hinknarren lassen, und unter den vielen Verdrießlichkeiten, die sich mein Vater dadurch zuzog — auch unter andern diese war, daß er niemals seine Arme über einander schlug, um sein bisgen Mittagsruhe zu halten, oder der Gedanke, daß ihn der Erste der Beste, der die Thüre aufmachte, unvermeidlich wecken müßte, ihm immer im Kopfe herumlief, und sich so stracks zwischen ihn und den ersten balsamischen Vorschmack des Schlafes drängte, daß er ihm, wie er oft bezeugte, alle seine Annehmlichkeiten raubte.

„Wie kanns,„ mit Ew. Excellenzien Erlaubniß, „anders seyn, wenn die „Sachen auf schlechten Angeln lau„fen?„

Nun, was giebts? Wer ist da? rufte mein Vater, der den Augenblick aufwachte, als die Thüre zu knarren begann. — Ich wollte doch wohl Einmal, daß der Schmidt nach der vertrackten Thüre sähe! — 'S ist nichts, gnädger Herr, sagte Trim, als zwey Mörser, die ich hereinbringe. — Ich will hier kein Lärmen haben, sagte mein Vater hastig. — Wenn Doktor Slop Spicereyen zu stampfen hat, so laß sie's in der Küche thun. — Mit 'R Gnaden Wohlnehmen, sagte Trim, es sind zwey Bombenmörser, zu 'ner Belagerung auf nächsten Sommer, die ich aus'n Paar steifen Reitstiefeln gemacht habe. Obadiah hat mir gesagt, 'R Gnaden brauchten's nicht mehr. — Hohls der Teufel, schrie mein Vater, und sprang fluchend vom Stuhle auf — Unter aller meiner Fahr und Haabe, ist mir nichts lieber und theurer, als diese Steifstiefel — sie kommen noch von unserm Großvater her, Bruder Toby, — Es waren Erbstücke. Ja, so thut mirs Leid, sagte mein Oncle Toby, daß Trim sie vom Hauptgute getrennt hat. — Ich habe nichts aufgetrennt, Gnädger Herr, sagte Trim, ich habe nur die Stülpen 'rabgeschnitten. — Ich kann alte ewige Dinge eben so wenig leiden, als ein Andrer, sagte mein Vater — aber diese Steifstiefeln, fuhr er fort, (wobey er lächelte, aber bitter) Bruder, sind seit dem letzten Rebellenkriege beständig bey der Familie gewesen. Sir Roger Schandy trug sie in der Schlacht bey Marston=

stonmoor. Ich versichre Dich, ich hätte sie nicht für zehn Louisd'or gegeben. — Ich will Dir das Geld geben, Bruder Schandy, sagte mein Oncle Toby, betrachtete dabey die beyden Mörser mit unendlichem Vergnügen, und fuhr mit der Hand nach der Geldtasche, wie er sie ansah — von Herzen gerne, will ich Dir den Augenblick das Geld dafür bezahlen. —

Bruder Toby, versetzte mein Vater, mit veränderter Stimme, Du bekümmerst Dich nicht, was Du für Geld verschleuderst und wegwirfst, wenns nur, fuhr er fort, für eine **Belagerung** ist. — Hab' ich nicht jährlich hundert und vierzig Louisd'or Renten, und meine Pension dazu? rufte mein Oncle Toby. — Was verschlägt das, versetzte mein Vater hastig, wenn Du zehn Pistolen für ein Paar alte Stiefeln giebst, — zwölfe für Deine Pontons; und halb soviel für Deine holländische Zugbrücke; — geschweige des kleinen Artillerietrains von meßingenen Kanonen, die Du vorige Woche bestellt hast, nebst zwanzig andern Zurüstungen, auf die

Belagerung von Messina, mehr. Glaube mir, liebster Bruder Toby, fuhr mein Vater fort, und nahm ihn dabey ganz freundlich bey der Hand — diese Deine Kriegesoperationen übersteigen Deine Kräfte; — Du meynst es gut, Bruder, — aber sie verleiten Dich zu stärkern Ausgaben, als Du Anfangs gedacht hast, — und verlaß Dich auf das, was ich sage, lieber Toby, — sie werden Dich endlich noch um alles das Deinige und an den Bettelstab bringen. — Je nun, Bruder, was wär's denn nun auch mehr, versetzte mein Oncle Toby, so lange wir wissen, daß es zum Besten unsers Vaterlandes geschiehet. —

Mein Vater mußte lächeln, wenn er auch nicht gewollt hätte; — Sein Zorn war allemal höchstens nur Knallpulver — und Trims Dienstfertigkeit und Einfalt — und die großmüthige, (obgleich steckenreiterische) Gesinnung meines Oncles Toby, söhnte sie augenblicklich beyde wieder mit ihm aus.

Großmüthige Seelen! — Gott erhalt Euch, und Eure Bombenmörser dazu, sagte mein Vater bey sich selbst.

Drey und zwanzigstes Kapitel.

Nun ist alles ruhig und still, rief mein Vater, da Oben wenigstens, — ich höre keinen Menschen mehr gehen. — Sag' Er mir doch, Trim, wer ist in der Küche? In der Küche ist Niemand, antwortete Trim, und machte dabey seinen tiefen Bückling, als Doktor Slop. — Verdammt! schrie mein Vater (und hob sich abermals auf die Füsse) — Diesen Tag geht doch nicht das Geringste seinen ordentlichen Gang. Wenn ich an die Sterndeuterey glaubte, Bruder, (welches mein Vater, unter uns gesagt, that;) so sollt' ich schwören, daß irgend ein Planet im Zeichen des Krebses über meinem unglücklichen Hause hinge, und jedes Ding darinn verkehrt gehn liesse. — Wie? ich dachte, Doktor Slop wäre oben bey meiner Frau, und da sagt Er — Was hat der Patron in der Küche zu suchen? — Ja, wenns 'N Gnaden nicht übel nehmen wollen, er ist dabey und macht eine Brücke. — Das ist doch sehr gütig von ihm, sagte mein Oncle Toby; — Sag' Er ihm meine schönste Empfehlung, Trim, und

sag'

sag' Er dem Herrn Doktor, daß ich ihm von Herzen danke.

Sie müssen wissen, daß mein Oncle Toby eben soweit vor der Brücke vorbeyschoß, als mein Vater vor den Mörsern. — Um aber zu verstehn, wie mein Oncle Toby die Brücke verfehlen konnte, — fürcht' ich, muß ich Ihnen wohl eine genaue Nachricht von dem Wege geben, der dahin führte — oder um die Metapher fahren zu lassen, — (denn einem Geschichtschreiber ist nichts unanständiger, als wenn er welche gebraucht) — um die Möglichkeit richtig zu begreifen, wie mein Oncle Toby sich darinn irren konnte, muß ich Ihnen etwas Nachricht von einem von Trims Ebentheuren ertheilen, so ungern ich auch wollte. Ich sage, so ungern ich auch wollte, bloß, weil in gewissem Verstande genommen, die Geschichte hier gar nicht an ihrem rechten Orte steht; denn eigentlich sollte sie erst da vorkommen, wo ich die Anekdoten von meines Oncle Tobys Liebesangelegenheiten mit der Wittwe Wadmann erzehle, wobey Trim keine unbeträchtliche Rolle spielt, — oder auch in der Mitte der Feldzüge, die er mit meinem Oncle Toby auf dem grünen Bosselplatze that; denn an beyden Stellen schickt sie sich, — allein, wenn ich sie bis auf einen von diesen Theilen meiner Historie aufspare, so entsteht eine Lücke in der Historie, die ich eben vor mir habe; — und erzähl' ichs hier, — so mäh' ich mein Korn grün, und thu' meiner Geschichte dort Schaden.

— Was rathen mir Ew. Hochweisheiten, was soll ich hier thun?

— Erzählen Sie ja gleich, Herr Schandy. — Tristram, Du bist nicht klug, wenn Du's thust!

O ihr Mächte! (denn Mächte seyd ihr, und hohe Mächte dazu) — welche den sterblichen Menschen das Vermögen verleihen, eine Historie zu erzählen, die des Hörens werth sey, — die ihr ihm freundlich weiset, wo er anfangen muß, — und wo aufhören — was er hineinbringen muß, und was herauslassen, — wie viel er davon im Schatten

zu

zu bringen hat, — und wohin er seine Lichter vertheilen soll! — Ihr, die Ihr dem weiten Reiche der biographischen Freybeuter vorsteht, und die mancherley Noth und Kummer seht, in welche Eure Unterthanen täglich und stündlich gerathen, — wollt Ihr mir Eins zu gefallen thun?

Ich ersuch' und bitte Euch, (falls Ihr nichts Bessers für uns thun wollt) wenn es sich so gebührt und zuträgt, daß in eurem Gebiete drey Wege sich kreuzen, wie hier eben geschehen ist — so laßt doch wenigstens einen Handweiser auf den Scheideweg setzen, aus blosser Barmherzigkeit, einem armen Tropf zu rathen, welchen von den dreyen er nehmen soll.

Vier und zwanzigstes Kapitel.

Obgleich der Stoß, den mein Oncle Toby, das Jahr nach der Schleifung von Dünkirchen, in seiner Affaire mit der Wittwe Wadmann erlitt, ihm in dem Vorsatze bestärkt hatte, niemals wieder an das schöne Geschlecht, noch an irgend Etwas, das dazu gehörte, zu denken: — so hatte doch Korporal Trim kein solches Bündniß mit sich selbst gemacht. In der That war bey meines Oncle Toby's Begebenheit ein sonderbarer und unbegreiflicher Zusammenfluß von Umständen, die ihn unvermerkt verleiteten, diese schöne und starke Citadelle zu belagern. — In Trim's Begebenheit war kein Zusammenfluß von irgend Etwas in der Welt, als von ihm und Brigitten in der Küche; — Doch war, die Wahrheit zu sagen, die Liebe und Ehrerbietung, die er gegen seinen Herrn hegte, so groß, und so gern ahmte er ihm, in allem was er that, nach, daß, hätte mein Oncle Toby sein Genie und seine Zeit darauf verwendet, Spitzen zu klöppeln — ich bin versichert, der ehrliche Korporal hätte seine Waffen niedergelegt, und wäre seinem Beyspiele mit Vergnügen gefolgt. Wenn also mein Oncle Toby sich bey der Herrschaft setzte — so nahm Trim flugs seinen Posten bey der Kammerjungfer.

Nun, mein theurer Freund Garrick, den ich so grosse Ursach habe, zu ehren und zu schätzen,

schätzen, — (warum und weswegen? das thut hier nichts!) kann es deiner Einsicht entwischen — Das wäre viel! — daß so manche Comödienschmiede und Schnickschnackdrechsler seitdem beständig nach meines Oncle Toby's und Trim's Model gepfuscht haben! — Was geht michs an, was Aristoteles, oder Packuvius, oder Bossü, oder Riccoboni sagen, — (ob ich gleich keinen davon gelesen habe.) — Der Unterschied ist zwischen einer einsitzigen Cariole und Madame Pompadours Vis à vis nicht grösser, als zwischen einer einfachen Liebesgeschichte, und einer so herrlich verdoppelten, die auf Vieren geht, und durch ein ganzes grosses Drama daher stolzirt. — Herr! eine einzelne, einfache, einfältige Geschichte dieser Art — verliert sich fast völlig in fünf Akten. — Doch, das gehört hier gar nicht her.

Nach einer ganzen Kette von Angriffen und Vertheidigungen, während neun ganzer Monate, die meines Oncle Tobys Belagerung dauerte, wovon alle Umstände an gehörigen Ort und Stelle aufs treulichste erzählt wer-

den

den sollen, hielt es mein ehrlicher Mann vom Oncle Toby für rathsam, seine Truppen zurückzuziehn, und die Belagerung mit einigem Verdrusse aufzuheben.

Korporal Trim, wie gesagt, hatte kein solch Bündniß, — weder mit sich selbst noch mit andern — gemacht. — Da ihm die Treue seines Herzens indessen nicht erlaubte, in einem Hause aus- und einzugehen, das sein Herr mit Widerwillen verlassen hatte: — so begnügte er sich damit, daß er seinen Theil der Belagerung in eine Blokade verwandelte, — das ist, er hielt andre entfernt. — Denn ob er gleich hernach niemals nach dem Hause ging, ward er doch seine Brigitte niemals im Dorfe ansichtig, oder er nickte ihr, lächelte ihr, winkte ihr zu, oder sah sie freundlich an; oder, (nachdem's die Gelegenheit gab) faßte sie bey der Hand — oder fragte sie ganz verliebt, wie's ihr ginge, — oder schenkte ihr ein Band, — oder zuweilen, doch niemals anders, als wenns mit Decorum geschehn konnte, gab er ihr —

Genau in dieser Lage befanden sich die Sachen fünf Jahre hindurch; nemlich, vom Jahre 13, an, da Dünkirchen geschleift wurde, bis gegen das Ende des Feldzugs meines Oncle Tobys 1718, welches ungefehr sechs oder sieben Wochen vor der Zeit war, wovon ich spreche; — Als Trim, nach seiner Gewohnheit, nachdem er meinen Oncle Toby zu Bette gebracht hatte, an einem mondhellen Abend hinunterging, um zuzusehn, ob in seiner Fortification noch alles richtig zustünde — und auf der Wiese, die von dem Bosselplatze mit grünen Hecken abgesondert war, — seine Brigitta ausspionirte.

Da der Korporal glaubte, es sey in der ganzen Welt nichts so besehenswürdig, als die herrlichen Werke, die er und mein Oncle Toby mit einander gemacht hatten; so nahm er sie höflich und muthig bey der Hand, und führte sie hinein: Dies geschah nicht so heimlich, daß es nicht die plapperhafte Trompete der Fama so lange von Ohr zu Ohr herumgetragen hätte, bis es endlich wohl an meinen Vater gelangen mußte; zugleich mit dem

ungünstigen Umstande, daß meines Oncle Toby's hübsche Zugbrücke, die nach holländischer Manier gebauet und angemahlt war, und ganz über den Graben reichte, in eben der Nacht zerbrochen und der Himmel weiß, wie? in tausend Stücke zersplittert worden. Mein Vater, wie Sie bemerkt haben, hatte eben nicht viel Hochachtung für meines Oncle Toby's Steckenpferd, — er hielt es für das lächerlichste Hotthott, das nur jemals ein Cavalier beschritten, und konnte niemals daran denken, mein Oncle mußte ihm dann eben damit in die Quere reiten, ohne zu lächeln. — Es konnte also niemals lahm werden, oder ihm sonst ein Zufall zustossen, oder es kitzelte meines Vaters Gedanken über die Maassen. Allein dies hier war ein Zufall, der seinem Herzen sanfter that, als alle, die ihm noch begegnet waren, und er wußte sich eine Freude damit zu machen, so oft er wollte. — Gut, und nicht allzugut! lieber Toby, pflegt' er zu sagen, erzähl uns doch recht, wie gings denn mit der Brücke eigentlich zu? — Wie kannst Du mich nun so damit zerren, pflegte wohl mein Oncle Toby zu antworten. —

Ich

Ich hab' es ja wohl zwanzigmal schon erzählt, Wort für Wort, wie ichs von Trim weiß: — Nun, wie wars denn, Korporal? rief dann mein Vater, und wendete sich an Trim. — Es war ein bloß Unglück, wenn's 'R Gnaden verzeihn, — ich zeigte Brigitten unsre Fortifikations, und als ich so was zu nahe an den Rand der Fosseh kam, schlupfte ich unglücklicher Weise hinein. (Ey, hübsch, Trim! rief dann mein Vater, wobey er schalkhaft lächelte, und mit dem Kopfe nickte, ohne ihn zu unterbrechen) — Und da ich, mit 'R Gnaden Wohlnehmen, die Brigitte, fest in meinen Armen hielt, da zog ich sie so mit mir, und da fiel sie so rücklings über, an die Brücke, — Und da Trim mit seinem Fusse, (rief mein Oncle Toby, und nahm ihm die Historie vorm Maule weg) in die Cuvette gerieth, so taumelte er auch gegen die Brücke. — Es war ein groß Glück, pflegte mein Oncle hinzuzusetzen, daß der arme Mensch kein Bein brach! — Ja wohl, ja wohl! pflegte mein Vater zu sagen. Ein Bein ist leicht gebrochen, Bruder! besonders bey solchen Fällen! — Und also brach die Brücke, die mit 'R Gnaden Erlaubniß, nur dünn gemacht war, zwischen uns entzwey, und ging in tausend Stücken.

Zu andern Zeiten, besonders aber, wenn mein Oncle Toby so unglücklich war, sich nur ein einziges Wort von Kanonen, Bomben oder Petarden verlauten zu lassen, — erschöpfte mein Vater die ganze Krambude seiner Beredsamkeit (die wirklich nicht klein war) in einer Lobrede auf die **Mauerböcke** der Alten, — auf die Vinea, deren sich Alexander bey der Belagerung von Tyrus bediente, — erzählt dann meinem Oncle Toby von der *Catapulta* der Syrer, welche auf einige hundert Schritte, so ungeheuer grosse Steine warf, daß sie die stärksten Bollwerke von ihrem Grunde wegschleuderte; — Dann fuhr er wohl fort, und beschrieb den wundervollen Bau der *Ballista*, wovon Mercellinus solch ein Aufhebens macht; — die gräßliche Wirkung der *Pyrabole*, welche Feuer spie — die Gefährlichkeit der *Terebrae* und des *Scorpionis*, welche Spiesse warfen. — Aber was will das Alles sagen, gegen die verheerende Maschinerie unsers Korporal Trim's; pflegt' er hinzuzusetzen. Glaube mir, Bruder Toby, keine Brücke, oder Bastey, oder Gatterthor, die jemals in dieser Welt gemacht sind, kanns gegen eine solche Artillerie aushalten.

Mein Oncle Toby versuchte es niemals, sich gegen den Angriff dieses Spotts mit Etwas anderm zu wehren, als daß er noch einmal so geschwind aus seiner Tobackspfeife dampfte; wodurch er eines Abends eine so dicke Wolke machte, daß mein Vater, der ein wenig zur Schwindsucht geneigt war, darüber einen erschrecklichen Anfall von Husten bekam: Mein Oncle Toby sprang auf, ohne der Schmerzen an seinem Latzbeine zu achten, — und mit unendlichem Mitleiden stund er bey seines Bruders Stuhle, klopfte ihm mit einer Hand in den Rücken, und hielt ihm mit der andern den Kopf, und von Zeit zu Zeit wischte er ihm die Augen mit einem reinen holländischleinenen Tuche, das er aus der Tasche zog. Die herzlich liebevolle Art, womit mein Oncle Toby diese kleinen Dienste leiflete, durchdrang meinen Vater bis in sein innerstes Eingeweide, über den Verdruß, den er ihm eben gemacht hatte. — Eher soll man mir das Gehirn mit einem Mauerbrecher, oder einer Catapulta, gleichviel womit? ausstossen, sagte mein Vater bey sich selbst, — eh' ich dieser ehrlichen Seele wieder spotte.

Fünfundzwanzigstes Kapitel.

Da die Zugbrücke für unausbesserlich gehalten würde: so erhielt Trim alsobald Ordre, sich an eine neue zu machen — doch nicht nach dem vorigen Model; denn weil eben damals des Cardinal Alberonis Intriguen entdeckt wurden, und mein Oncle Toby ganz richtig voraussah, daß unvermeidlicher Weise die Kriegsflamme zwischen Spanien und dem Deutschen Reiche ausbrechen müßte, und daß die Operationen des künftigen Feldzuges nach aller Wahrscheinlichkeit in Neapolis oder Sicilien anfangen würden — so entschloß er sich zu einer italiänischen Brücke, — (Mein Oncle Toby, im Vorbeygehn gesagt, traf mit seiner Muthmassung ziemlich

na=

nahe,) — mein Vater aber, der ein weit besser Staatsmann war, und meinen Oncle Toby eben so weit im Cabinette hinter sich ließ, als mein Oncle Toby den Vorzug vor ihm im Felde hatte — überzeugte ihn, daß, wenn der König von Spanien und der Kayser mit einander zerfielen, nothwendig England, Frankreich und Holland, zufolge der obwaltenden Tracktaten, ins Spiel kommen müßten; — und wenn das ist, sagt' er, so werden die Combattanten, so gewiß, als wir das Leben haben, Bruder Toby, wieder auf den alten Tummelplatze in Flandern, über einander herfallen; — und was willst du dann mit deiner italiänischen Brücke ausrichten?

— Nun gut, sagte mein Oncle Toby, so mags denn bey dem alten Model bleiben.

Als Korporal Trim damit bis auf die Hälfte, nach dieser Bauart fertig war, — fand mein Oncle Toby einen Fehler daran, den er vorher niemals so völlig bemerkt hatte. Sie lief nemlich an beyden Enden auf Angeln, und öfnete sich in der Mitte, so daß eine Hälfte diesseits und die andre jenseits des Grabens aufgezogen ward. Der Vortheil hiebey war, daß durch die Vertheilung ihres Gewichts in zwey gleiche Theile, mein Oncle Toby im Stande war, solche mit seiner Krücke und einer Hand aufzuziehen und nieder zu lassen, welches, bey der Schwäche seiner Garnison, alles war, was er dazu bequem missen konnte; — der Nachtheil einer solchen Bauart aber war unendlich, — dènn, auf diese Art, sagt' er, lasse ich die Hälfte meiner Brücke im Besitze meines Feindes — und wozu nutzt mir dann die andre, ich bitte?

Das natürliche Gegenmittel war ohne Zweifel, die Brücke nur an einem Ende mit Angeln zu machen; so, daß sie ganz aufgezogen worden, und ganz grade auf gestanden hätte — das ward aber, aus den Oben angeführten Gründen, verworfen.

Darauf, war er eine ganze Woche hindurch in seinem Sinne entschlossen, eine nach

der

der sonderbaren Bauart verfertigen zu lassen, welche so eingerichtet ist, daß sie horizontal zurück gezogen wird, um den Uebergang zu sperren, und so wieder übergeschoben wird, um ihn wieder zu öfnen; — von welcher Gattung Ew. Wohlgebohrnen drey sehr berühmte in Speyer gesehn haben können, eh' es geschleift worden, und eine andre, wofern ich nicht irre, noch bis diese Stunde zu Breysach. — Da aber mein Vater meinem Oncle Toby sehr ernsthaft anrieth, sich ja nicht mehr mit Werfbrücken abzugeben — und mein Oncle auch dabey vorhersah, daß solches das Andenken an des Korporals Unfall verewigen würde: — so änderte er seinen Vorsatz, und verfiel auf die Erfindung des Marquis *d'Hôpital*, welche der junge *Bernouille* so schön als gelehrt beschrieben hat, wie Dero aus den *Act. Lips. An. 1695.* zu ersehen geruhen mögen. — Bey dieser ist ein beständiges Gegengewicht von Bley angebracht, und thut zugleich so gute Dienste, als ein Paar Schildwachen, indem ihre Einrichtung eine Curve ist, die sich einer Cycloide nähert, — wo nicht eine Cycloide selbst ist.

Mein Oncle Toby verstund die Natur einer Parabole so gut, als ein Mann in England, — mit der Cycloide konnte er sich aber nicht völlig so gut behelfen — indessen sprach er täglich davon; der Brückenbau ward nicht gefördert. — Wir wollen jemand darüber zu Rathe ziehn, sagte mein Oncle Toby zu Trim.

Sechs und zwanzigstes Kapitel.

Als Trim herein kam und meinen Vater sagte, daß sich Doktor Slop in der Küche damit beschäftigte, eine Brücke zu machen, nahm es mein Oncle Toby — die Geschichte mit den Steifstiefeln hatte eben eine Reihe von Kriegsideen in seinem Gehirne in Gang gebracht, — für bekannt an, daß Doktor Slop ein Model von des Marquis *d'Hôpitals* Brücke machte. — Das ist doch sehr gütig von ihm, sagte mein Oncle Toby; — Sag' Er ihm meine schönste Empfehlung, Trim, und sag' Er dem Herrn Doktor, daß ich ihm von Herzen danke.

Wäre meines Oncles Toby Kopf ein Schön=Raritätenkasten gewesen, und hätte mein Vater beständig durchs Glas hineingeschaut, so hätt' es ihm von dem, was in meines Oncle Tobys Immagination herumarbeitete, keinen deutlichern Begriff machen können, als er schon hiedurch hatte; — und also, Trotz dem Mauerbrecher und der Catapulta, und den heftigen Verwünschungen, die ihm solche abgelockt hatten, wollte er eben triumphiren —

Als Trims Antwort plötzlich den Lorbeer von seiner Schläfe und in Stücken riß.

Sieben und zwanzigstes Kapitel.

— Mit Eurer verwünschten Zugbrücke! sagte mein Vater — Mit 'R Gnaden Wohlnehmen, 's ist eine Brücke in unsers jungen Junkers Nase. — Als er ihn mit seinem verdammten Klimperkrame auf die Welt geholt hat, so hat er ihm die Nase gedrückt, daß sie so platt in seinem Angesicht' ist, sagt Susanna, als ein Pfannkuchen; und nun

nun macht er von ein Lappen Cattun und ein Spierchen Fischbein aus Susannens Schnürleibe eine falsche Brücke, die sie wieder aufrichten soll.

— O, Bruder Toby, komm, führe mich sogleich nach meiner Kammer!

Acht und zwanzigstes Kapitel.

Von dem ersten Augenblicke an, da ich mich hinsetzte, mein Leben zum Vergnügen der Welt, und meine Meynungen zu ihrer Belehrung aufzuschreiben, hat sich unvermerkt eine Wolke über meinem Vater zusammen gezogen. — Eine Fluth von Uebeln und Widerwärtigkeiten hat sich gegen ihn gehäuft. — Nicht das Allergeringste, wie er selbst bemerkt, ist richtig gegangen: und nun ist das Gewitter reif, und wird mit voller Wuth über seinem Haupte ausbrechen.

Ich geh' an diesen Theil meiner Geschichte mit einem so schwerem und melancholischen Gemüthe, worinn sich nur jemals eine sympapathetische Seele befunden hat. — Meine Nerven werden schlaff, indem ichs erzähle. — Bey jeder Zeile, die ich schreibe, fühl ich, daß die Lebhaftigkeit meines Pulses sinkt, und mit ihr diese sorglose Munterkeit, die mich jeden Tag meines Lebens antreibt, tausend Dinge zu sagen und zu schreiben, die ich nicht sagen und schreiben sollte. — Und diesen Augenblick, da ich meine Feder zuletzt in meine Dinte tunkte, fiel mirs recht aufs Herz, was für eine behutsame Art von kummervoller Bedächtlichkeit und Feyerlichkeit daraus hervorleuchtete. — Himmel! wie verschieden von dem schnellen Zufahren und dem hitzigen Ausspritzen, wie Du sonst gewohnt bist, Tristram! bey andrer Laune zu Werke zu gehn, — wenn Du die Feder niederwirfst, und Deine Dinte auf Deinem Tische und Deinen Büchern herumkleckst — als ob Deine Feder und Deine Dinte, Deine Bücher und Deine Möbeln Dir kein Geld kosteten.

Neun und zwanzigstes Kapitel.

— Ich will mich bey langen Beweisen nicht aufhalten, — es ist erwiesen, und ich

ich bin davon überzeugt, Madame, so lebhaft als möglich, „daß beydes Mann und „Weib Schmerzen oder Kummer (und, wenn „ich mich nicht irre, auch Vergnügen) in einer „horizontellen Lage am besten ertragen.„

Sobald mein Vater auf seine Kammer kam, warf er sich strecklangs in die Quere übers Bette, mit dem heftigsten Unmuthe, der sich nur gedenken läßt; dabey aber in der kläglichsten Stellung eines von Kummer niedergeschlagenen Mannes, über den jemals das Mitleiden eine Zähre geweint hat. — Seine rechte flache Hand empfing, wie er aufs Bett fiel, seinen Vorkopf, bedeckte grössestentheils seine beyden Augen, und er sank sachte nieder mit dem Kopfe (sein Ellenbogen wich hinterwärts) bis er mit der Nase das Kopfkissen berührte. — Seine linke Hand hing schlaff über der Bettseite, die Faust kam auf den Henkel eines Kammertopfs zu liegen, der unter dem Bettschurze hervorguckte; — Sein rechtes Bein (das Linke hatte er nach dem Leibe gezogen) hing halb über der Bettseite, mit dem Schienbeine auf der Kannte des Bretts. —

Er

Er fühlte es nicht. Ein tiefer eingewurzelter Kummer nahm seinen Sitz auf jedem Zuge seines Gesichts. — Einmal seufzte er, — seine Brust hob sich oft — sprach aber kein Wort.

Ein alter, auf Tapetenart gestickter Stuhl, mit abgebleichten verwitterten Franzen besetzt, stund zum Kopfe des Bettes der Seite gegenüber, wo meines Vaters Haupt hinhing. — Mein Oncle Toby setzte sich hinein.

Eh' und bevor eine Betrübniß ganz verdauet ist, — kommt das Trösten immer zu früh; — und ist sie verdauet — kommts zu spät. Sie sehn also, Madame, daß zwischen beyden Gränzen eine fast haarfeine Linie liegt, die ein Tröster zu fassen wissen muß. Mein Oncle Toby griff beständig, entweder disseits oder jenseits, fehl, und pflegte oft zu sagen, er glaubte, daß er eben so leicht die Meereslänge erwischen könnte; dieserhalb zog er, als er sich in den Stuhl setzte, den Vorhang ein wenig weiter zu, und, wie er immer für jedermann eine Thräne bereit hatte, zog er ein weisses Taschentuch hervor, holte einen tiefen Seufzer, und — sagte kein Wort.

Drey=

Dreyßigstes Kapitel.

— „Es ist nicht alles Gewinn, was in die „Kassa fällt.„ Und ob also mein Vater gleich das Glück hatte, die ältesten Bücher von der Welt zu lesen, und dazu, an und für sich selbst, die eigenste Denkungsart besaß, womit nur ein Sterblicher beseeligt seyn mochte: so war er doch bey dem Allen, auch wieder solchen Tratten unterworfen, — die ihn in die sonderbarsten und oft widersinnigsten Verlegenheiten setzten; von welchen diese Eine, die ihm hier über den Hals kam, ein so starkes Beyspiel ist, als sich nur anführen läßt.

Freylich wohl wahr, das Eindrücken des Knorpels an der Nase eines Kindes, durch ein Instrument — wär's auch nach den besten Regeln der Kunst geschehn — sollte wohl jeden Mann in der Welt ärgerlich machen, wenn ihm auch schon die Erzielung eines Kindes nicht so viele Mühe und Sorgen kostete, als meinem Vater, — dennoch kann es das Uebermaaß seiner Betrübniß nicht entschuldigen,

gen, oder die unchristliche Art rechtfertigen, mit welcher er sich derselben überließ.

Um dieses zu erklären, muß ich ihn auf eine halbe Stunde auf seinem Bette liegen — und meinen Oncle Toby, auf seinem alten Tapetenstuhle, bey ihm sitzen lassen.

Ein und dreyßigstes Kapitel.

— Ich halt's für eine sehr ungewissenhafte Foderung, — rief mein Urgroßvater, rollte das Papier zusammen und warfs auf den Tisch. — Aus dieser Rechnung erhellet, Madame, daß Sie nur zweytausend Pistolen Brautschatz, und nicht einen Heller mehr haben, — und doch bestehn Sie auf ein Leibgedinge von dreyhundert Pistolen jährlich! —

— „Das kömmt," versetzte meine Urgroßmutter, „weil Sie eine kleine, oder fast „gar keine Nase haben, Herr." —

Doch, eh' ichs wage, das Wort Nase noch einmal zu gebrauchen, wird es — um allen

allen Verwirrungen, in dem, was darüber in diesem wichtigen Theile meiner Erzählung gesagt werden wird, vorzubeugen, — nicht übelgethan seyn, meine Meynung klar zu machen, und mit aller möglichen Deutlichkeit und Genauigkeit zu definiren, was ich unter diesem Worte eigentlich verstanden haben will: denn ich bin der Meynung, daß es bloß an der Nachläßigkeit und Verkehrtheit der Schriftsteller liegt, die diese Vorsicht nicht brauchen, und sonst an Nichts in der Welt, — daß alle polemische Schriften der Theologen nicht völlig so klar und demonstrativ sind, als die über einen Tückebothen (*), oder sonst einen gesunden Theil der Philosophie und Naturgeschichte; — Was haben Sie also des Endes, ehe Sie sich einlassen, anders zu thun, wenn Sie nicht bis ans Ende der Welt um Worte herumzuzanken gedenken — als der Welt von dem Hauptworte, worauf es Ihnen am meisten ankommt, eine gute Definition zu geben, dabey fest zu bleiben — es in gangbare Scheidemünze zu verwechseln, wie Sie's, mein Herr, mit einer Louisd'or machen würden? —

Ist

(*) Irrwisch.

Ist das geschehn, so laß den Vater aller Verwirrung kommen, und Sie irre machen, wenn er kann, oder in Ihren oder Ihres Lesers Kopf eine verschiedene Idee setzen, wenn er weiß, wie?

In Büchern von strenger Moral und gründlicher Philosophie, wie dieses, woran ich schreibe — ist eine solche Nachläßigkeit unverzeihlich; und der Himmel ist Zeuge, wie sich die Welt dafür an mir gerächet hat, daß ich so manche Blössen zu zweydeutigen Auslegungen gegeben, — und mich, bis jetzt, so sehr auf meiner Leser reine Imagination verlassen habe.

— Hier ist ein zwiefacher Sinn, rief **Eugenius**, als wir zusammengingen, und lasen, und wieß mit dem Zeigefinger seiner Rechten Hand auf das Wort Spalte, auf der 48sten Seite, im zweyten Theile, dieses Buchs aller Bücher, — hier ist ein zwiefacher Sinn, — sagt' er. — Und hier sind zwey Wege, versetzte ich, und fiel ihm plötzlich in die Rede. — Ein schmutziger und ein reiner, — welchen sollen wir wählen? — den reinen — versteht sich, versetzte Eugenius. Eugenius, sagt' ich, indem ich mich vor ihm stellte, und meine Hand auf seine Brust legte, — Weißt Du den Vers —

Halt deinen Leser nicht für dümmer, als er ist? —

Und so triumphirt ich über Eugenius; aber ich triumphirte über ihn, wie ich immer zu thun pflege, als ein Narr. — Mein Trost ist nur dabey, daß ich kein steifköpfiger bin; deswegen also

Definire ich eine Nase, wie folget, — nur bitte ich im voraus meine Leser und Leserinnen, von was Alter, Temperament und Stande sie seyn mögen, und ersuche sie, so lieb als ihnen ihre Seele und Seligkeit ist, vor den Versuchungen und Einblasen des Satans auf ihrer Huth zu seyn, und ihm nicht Raum zu geben, daß er durch Ränke oder List eine andre Idee in ihrem Gemüthe rege mache, als die, welche ich in meine Definition gelegt habe. — Denn unter dem Worte Nase, dieses ganze lange Kapitel von Nasen hin-

hindurch, und an jeder andern Stelle meines Werkes, wo das Wort Nase vorkommt — erkläre ich hiemit — meyne ich eine Nase, und nichts mehr oder weniger.

Zwey und dreyßigstes Kapitel.

— „Das kommt,„ versetzte meine Urgroßmutter, und wiederholte das Wort — „weil Sie eine kleine, oder fast gar „keine Nase haben.„

Verflucht! schrie mein Urgroßvater, und fuhr mit der Hand nach seiner Nase, — so klein ist sie doch auch noch nicht; — sie ist einen ganzen Zoll länger, als meines Vaters seine. — Nun war aber meines Urgroßvaters Nase, allen Nasen der Männer, Weiber und Kinder, die Pantagruel auf der Insel *Enuasin* wohnend fand, so ähnlich, wie ein Ey dem andern. — Beyher gesagt, wenn Sie die sonderbare Art und Weise kennen lernen wollen, wie man sich mit einem so plattnasigen Volke verschwägern kann — so müssen Sie das Buch lesen; — es von selbst auszufinden — Das sollen Sie wohl bleiben lassen. (*) —

— Herr, sie sah aus, wie ein Treffle Eß.

— 'S ist ein ganzer Zoll, fuhr mein Urgroßvater fort, und drückte mit Finger und Daumen sein Endchen Nase, und wiederholte seine Behauptung, — 'S ist ein ganzer Zoll, Madame, das sie länger ist, als meines Vaters seine. — Ihres Oncles seine, mögen Sie meynen, erwiederte meine Urgroßmutter.

— Mein Urgroßvater ward überführt, — er rollte das Papier wieder auf, und unterschrieb die Pacten.

Drey und dreyßigstes Kapitel.

— Welch ein unbilliges Leibgedinge, mein Schatz, das wir aus unserm kleinen

(*) Meine neugierigen Leser, mögen meinen Autor besser verstehn, vielleicht, wenn sie Chap. IX, *du livre quatriesme* des Oeuvres de Mr. François Rabellais Doct. en Medecine nachschlagen wollen.

nen Guthe zahlen müssen! sagte meine Groß=mutter zu meinen Großvater.

Mein Vater, erwiederte mein Großvater, mein Kind, hatte eben so wenig Nase — den Tüpfel ausgenommen — als mir hier auf der Hand sitzt. —

Nun müssen Sie wissen, daß meine Ur=großmutter meinen Großvater zwölf Jahre überlebte; und ihr also mein Vater, die ganze Zeit über, immer halbjährig — (alle Ostern und Michaelis) ihre hundert und funfzig Pistolen Wittwengehalt auszahlen mußte.

Niemand war williger und bereiter, seine Schulden abzutragen, als mein Vater; und bis an volle Hundert pflegte er die Pistolen Wurfweise mit der Miene hinzuschiessen, wel=che gleichsam sagt: ich geb's gern; und wel=che großmüthige Seelen, und auch nur die großmüthigen Seelen, beym Geben und Be=zahlen zu machen pflegen. — Sobald er aber an die folgenden Funfzig kam, stieß er ge=meiniglich ein lautes Hm! aus, — rieb sich da=

dabey ganz gemächlich mit dem flachen Zeigefinger an der Nase, — schob die Hand ganz bedächtlich unter die Perucke, — besah jedes Goldstück, eh' ers weggab, auf beyden Seiten — und zählte selten die Funfzig zu Ende, ohne sein Schnupftuch zur Hand zu nehmen und den Angstschweiß von der Stirne zu wischen.

Behüte mich, gütiger Himmel! vor solchen Verfolgungsgeistern, welche keine Nachsicht mit dergleichen Bewegungen, die in uns vorgehn, haben können. Nie — o nie laß mich in einem Gezelte mit denen liegen, die den Bogen immer so hoch spannen, und kein Mitleiden mit der Macht der Erziehung, und mit dem überwiegenden Einflusse der von unsern Voraltern geerbten Meynungen fühlen wollen.

Schon bis ins dritte Glied, wenigstens, hatte der Glaube ans Glück der langen Nasen nach und nach Wurzel in unsrer Familie geschlagen. — Das Hörensagen war ganz auf seiner Seite, und alle halbe Jahr kam

das

das Geldausgeben dazu, um ihn zu bestärken; dergestalt, daß meines Vaters Grillenhafter Kopf weit entfernt war, sich von diesem, wie von fast allen seinen übrigen sonderbaren Sätzen, die Ehre allein anmaassen zu können. Denn man konnte sagen, daß er ihn grossentheils mit der Muttermilch eingesogen hätte. — Indessen that er dabey das Seinige. — Wenn seine Erziehung den Irrthum (falls es einer war) pflanzte, so begoß ihn mein Vater, und wartete und pflegte sein bis zur völligen Reife.

Er betheurte oft, wenn er seine Gedanken über diesen Punkt äusserte, daß er nicht begreife, wie es die grössesste Familie in der Welt gegen eine ununterbrochne Folge von sechs oder sieben kurzen Nasen gut machen könnte. — Und aus dem entgegenstehenden Grunde, pflegte er hinzuzusetzen, müßt' es eine der unerklärbarsten Aufgaben im bürgerlichen Leben seyn, warum eben dieselbe Anzahl tüchtiger langer Nasen, welche in grader Linie auf einander folgten, nicht zu den höchsten Ehrenstaffeln erhäbe und empor

 schwün=

schwünge. — Mit Selbstgefälligkeit rühmte ers oft, daß die Schandy's unter Heinrich des Achten Regierung, sehr hoch am Brette gewesen, und ihre Erhebung keinen Staatskniffen zu danken gehabt, sondern nur — sagt' er — diesem Glücksumstande. — Allein, — pflegt' er hinzuzufügen — das Rad habe sich gleich wie bey andern Familien, auf den Schlag von meines Urgroßvaters Nase gedrehet, und sie wären niemals wieder in die Höhe gekommen. — Ja wohl wars ein Treffle Eß! rufte er dann, und schüttelte dabey den Kopf, und ein so häßliches für eine unglückliche Familie, als jemals zu Trumpf aufgewählt ist.

— Sachte, sachte, lieber Leser! — Wohin reißt Dich Deine Phantasey! — Wenn noch Wahrheit unter der Sonne ist, so glauben Sie meinem heiligen Schwure, unter meines Urgroßvaters Nase meyn ich nichts anders, als das äussere Werkzeug des Geruchs, oder das Glied eines Mannes, welches mitten in seinem Angesichte erhaben steht, und welches, wie die Mahler sagen, bey

gu=

guten tüchtigen Nasen, und richtig proportionirten Gesichtern, ein völliges Drittel einnehmen sollte — das heißt, wenn man vom Rande der Stirnhaare herunterwärts misset. —

— Wie einem Autor oft das Leben sauer gemacht wird!

Vier und dreyßigstes Kapitel.

Es ist ein sonderbares Glück, daß die Natur das Gemüth des Menschen mit eben der Unwilligkeit und Halsstarrigkeit gegen die Ueberzeugung begabt hat, als man an allen Hunden wahrnimmt, — „keine neue Künste „zu lernen.„

Zu was für einem hin- und herwankenden Schilfrohre vom Kerl würde nicht der grösseste Philosoph, der jemals gelebt hat, gewehet werden, wenn er alle solche Bücher läse, und solche Facta bemerkte, und solche Gedanken dächte, die ihn ohn Unterlaß, bald auf diese, bald auf jene Seite lockten!

Ich hab's Ihnen schon voriges Jahr gesagt, daß mein Vater alles dergleichen haßte. — Er las eine Meynung auf, mein Herr, wie ein Mensch, im Stande der Natur, einen Apfel auflieset. — Er wird sein Eigenthum. — Und hat er nur einigermaassen Herz, so wird er lieber sein Leben, als sein Eigenthum fahren lassen. —

Ich merke, **Didius**, der grosse Rechtsgelehrte, wird diesen Satz angreifen, und gegen mich ausrufen: Woher entsteht das Recht dieses Mannes zu diesem Apfel? *ex confesso*, wird er sagen, — die Sachen waren in einem Stande der Natur — der Apfel so gut **Heinzens** als **Kunzens**. — Nun, sagen Sie doch, Herr **Schandy**, was für ein Patent hat er dazu aufzuweisen? und wann begann er sein Eigenthum zu werden? war's, da ihn darnach gelüstete? oder, da er ihn aufnahm? oder, da er ihn käuete? oder, da er ihn briet? oder, da er ihn schälete? oder, da er ihn zu Hause brachte? oder, da er ihn verdauete? oder, da er ihn — ? — Denn so viel, Herr, ist doch klar, daß, wenn das erste Auflesen den Apfel nicht zu dem Seinigen machte — so konnte es keine darauf folgende Handlung thun.

Bruder Didius, wird Tribonius antworten, (zu merken ist, daß Tribonius, des Civilisten und Canonisten Bart drey Zoll einen halben und drey Achtel länger ist, als Didius Bart, und ich also froh bin, daß Er den Streitkolben für mich auffaßt. — Ich brauche also weiter um keine Antwort besorgt zu seyn.) Bruder Didius, wird Tribonius antworten, es ist ein decretirter Casus, wie Sie in den Fragmenten der Codicum des Gregorius, und des Hermogenes, und in allen Codicibus von dem justinianischen bis zu den Codices des Louis und Des Eaux, sehn können — daß der Schweiß von eines Menschen Angesicht, und die Ausdünstungen des Gehirnes eines Menschen, eben so gut sein Eigenthum sind, als die Nestel, womit er seine Beinkleider befestigt. — Welche besagte Ausdünstungen, u. s. w. wenn sie auf den besagten Apfel fallen, während der Arbeit, daß er gefunden, oder aufgelesen

wird;

wird; und daneben und darüber unzertrennlich von dem Aufleser mit dem Aufgelesenen, nach Hause getragenen, gebratenen, geschäleten, gegessenen, verdaueten, und so weiter — en Dinge verbunden und verknüpft sind: — es ganz evident ist, daß der Aufleser des Apfels, etwas, das sein Eigenthum war, mit dem Apfel, der nicht sein Eigenthum war, vermischt hat, wodurch er denn ein Recht des Besitzes erlangt und erworben hat. — Oder mit andern Worten, der Apfel ist **Kunzens Apfel.**

Nach derselben gelehrten Kette von Schlüssen behauptete mein Vater alle seine Meynungen, als sein Eigenthum. Er hatte keine Mühe gespart, sie aufzulesen, und je weiter sie aus dem gemeinen Wege lagen, um desto gegründeter war sein Recht. — Kein Sterblicher erwieß daran sein Eigenthum: — sie hatten ihm dazu beym Kochen und Distilliren, eben so viele Mühe gekostet, als in dem obbesagten Casu, — daß man also mit Recht und Wahrheit davon sagen konnte, sie wären sein eigenes Fahr- und Haabe. — Dem zufolge

hielt

hielt er sie fest, mit Zähn' und Klauen. — Vertheidigte sie mit allem, was er zu packen bekommen konnte — und suchte sie, kurzum, mit eben so manchen Circumvalationen und Brustwehren zu verschanzen und zu befestigen, als mein Oncle Toby seine Citadellen.

Ein verdammter Klotz lag ihm hiebey im Wege. — Der Mangel an Materialien, um sich, im Falle eines scharfen Angriffs, ordentlich zu vertheidigen; denn wenige Männer von grossem Genie haben ihr Pfund dazu angelegt, über lange Nasen zu schreiben. Beym Trott meines magern Rappen, das Ding ist unglaublich! und ich weiß nicht, was ich daraus machen soll, wenn ich bedenke, was für ein Schatz der köstlichen Zeit und Gaben an viel schlechtre Gegenstände verschwendet sind! — und wie manche Millionen Bücher in allen Sprachen, und in allen möglichen Formaten, Bänden und Typen über solche Materien fabricirt sind, die nicht um die Hälfte soviel auf Frieden und Einigkeit in der Welt abzwecken. Was indessen zu haben war, daran sparte mein Vater nichts; und obgleich mein

Vater öfters über meines Oncle Toby's Bibliothek spöttelte — welche denn freylich auch lächerlich genug war — so sammlete er doch, in eben dem Augenblicke da er das that, jedes Buch und jeden Traktat, welche systematisch von Nasen handelten, mit eben so viel Sorgfalt, als mein ehrlicher Oncle Toby seine Werke von der Kriegsbaukunst aufgetrieben hatte. — Wohl wahr, daß sie auf einem weit kleinern Tische liegen konnten, — aber lag die Schuld an Dir, mein lieber Oncle Toby? —

Hier — warum aber hier — lieber als an jeder andern Stelle meiner Geschichte — das kann ich nicht sagen — aber hier ists, daß mich mein Herz anhält, um Dir, mein theurester Oncle Toby, Ein= für Allemal, den Zoll zu entrichten, den ich Deiner Güte schuldig bin. — Hier laß mich meinen Stuhl zurückwerfen und auf die Erde knien, derweile ich die wärmsten Empfindungen der Liebe für Dich, und der Ehrerbietung für die Vortreflichkeit Deines Charakters ausschütte, die jemals Tugend und Natur in der Brust eines

Nef=

Nessen entzündet haben. — Ruh' und Frieden umschweben ewig Dein Haupt! — Du beneidetest keines Menschen Zufriedenheit, — liessest ihm gerne seine Meynungen — Du beflecktest keinen Leumund, — nahmst keinem sein Brodt: mit Deinem treuen Trim auf der Ferse wandeltest Du gemächlich durch den kleinen Kraiß Deiner Ergötzlichkeiten, ohne einer Seele auf die Füsse zu treten; — hattest zu jedermanns Diensten eine Thräne, — für jedermanns Noth einen Schilling in Bereitschaft.

So lang ich noch einen in der Tasche behalte, den ich daran wenden kann, soll Dein Fußsteig von Deiner Thüre bis zu Deinem grünen Platze nicht bewachsen. — So lang noch anderthalb Ruthen Land bey der schandyschen Familie bleibt, sollen Deine Fortifikationen, mein theurer Oncle Toby, niemals geschleift werden!

Fünf und dreyßigstes Kapitel.

Meines Vaters Sammlung war nicht groß; dafür aber war sie ausgesucht rar; und folg-

folglich ging Zeit darüber hin, eh' er sie zusammen brachte. Indessen hatte er das ausserordentliche Glück bey ihrer Grundlegung, daß er für ein Ey und Butterbrodt, so zu sagen, an **Bruscambills** Prolog von langen Nasen kam — denn Bruscambille vom Haupte bis zu Füssen kostete ihn nicht mehr, als drey halbe Kronen; freylich merkte der Trödler gleich, daß mein Vater das Buch nicht leicht fahren lassen würde, sobald ers nur in die Hand genommen hatte. — Man findet keine drey **Bruscambills** mehr in der Christenheit — sagte der Antiquarius — als die etwann hie und da in grossen Bibliotheken an Ketten liegen. — Wie der Blitz warf mein Vater das Geld hin, — steckte **Bruscambille** in seinen Busem, eilte damit die halbe Stadt lang durch nach Hause, als ob er einen Schatz gefunden hätte, ohne den ganzen Weg über nur Einmal die Hand vom **Bruscambille** los zu lassen.

Für diejenigen, welche noch nicht wissen, wes Geschlechts **Bruscambille** ist, — um

so

so mehr, da ein Prolog von langen Nasen, sehr leicht sowohl von dem Einen als dem Andern herrühren könnte — wird das Gleichniß nicht unschicklich seyn — zu sagen, daß mein Vater als er zu Hause kam sich mit **Bruscambille** eben so sehr erlabte, als ich Zehn gegen Eins wette, daß sich Ew. Hochwohlgebohrnen mit Ihrer ersten Maitresse erlabten; — das heißt, vom Morgen bis Abends: welches, im Vorbeygehn gesagt, dem Inamorato herzlich sanft thun mag, — dem Zuschauer aber wenig oder gar nicht erbauet. — Ich bitte zu merken, daß ich das Gleichniß nicht weiter treibe. — Meines Vaters Augen waren hungriger, als sein Magen. — Seine Begierden grösser, als sein Vermögen, — er kühlte sich ab. — Seine Neigung ward vertheilt, — er bekam den **Prignitz** — kaufte sich den **Scroderus**, **Andreas Paraeus**, **Bouchets** Abendzeitvertreib, und vorzüglich, den grossen und gelehrten **Hafen Slawkenbergius**; von welchem, da ich bey Gelegenheit viel von ihm zu sagen habe, — ich itzt nichts sagen will.

Sechs und dreyßigstes Kapitel.

Unter allen Abhandlungen, die sich mein Vater die Mühe gab, zu kaufen und durchzustudieren, um seine Hypothesis durchzusetzen, war keine, die ihn anfangs häßlicher anführte, als der berühmte Dialog zwischen **Pamphagus** und **Cocles**, von der züchtigen Feder des grossen und venerablen **Erasmus**, über den verschiedenen Nutzen und diensamen Gebrauch langer Nasen. — Nun, mein liebes Mädchen, laß in diesem Kapitel den Satan sich ja nicht des Vortheils eines Hügels bemächtigen, um Deine Imagination zu beschreiten, wenn Du es nur einigermaassen hindern kannst; oder sollte er doch so schwipp seyn, sich hinaufzuschwingen — so bitt' ich, wie ein rohes Füllen zu **hüpfeln**, zu **trippeln**, zu **stam-**

pfen,

pfen, zu springen, bald voraus, bald hintenaus, — bis ihm, wie Kitzelmatzens Stute, ein Riemen oder Gurte gesprengt, und der Junker in den Koth geworfen; — todt zu treten brauchst Du ihn eben nicht! — Und was wollen Sie denn mit Kitzelmatzens Stute sagen? — Das ist eben eine so unüberlegte und ungelehrte Frage, mein Herr, als hätten Sie gefragt, in welchem Jahre *(ab urb. con.)* der zweete punische Krieg ausgebrochen. — Was ich mit Kitzelmatzens Stute meyne! — Lies — lies, lies, lies, mein ungelehrter Leser, lies! — Oder bey der Gelehrsamkeit des grossen Heiligen, Paraleipomenon, — Ich sag' Dirs vorher, Du thust besser, das Buch gleich aus der Hand zu werfen. — Denn ohne viel Belesenheit, worunter, wie Ew. Hochwürden wissen, ich viel Gelehrsamkeit verstehe, werden Sie eben so wenig im Stande seyn, die Moral des nächstfolgenden Marmorblatts (ein buntes Sinnbild meines Werkes!)

 her=

herauszubringen, als die Welt mit allem ihren Scharfsinne im Stande gewesen ist, die manchen Meynungen, Abhandlungen und neuen Wahrheiten zu enthüllen, welche noch bis auf diese Stunde, unter dem dicken Schleyer des schwarzen Blattes mystisch verborgen liegen.

Sieben und dreyßigstes Kapitel.

„Nihil me poenitet hujus nasi„ sagte Pamphagus; das ist: — „Meine Nase machte mich zum Manne!„ — „*Nec est cur poeniteat*„ versetzt Cocles; das heißt: „Das konnte einer solchen Nase „nicht fehlen!„

Sie sehn, Erasmus hatte den Lehrsatz, wie ihn mein Vater wünschte, ganz hell und klar niedergeschrieben. Was aber meinen Vater bey seiner Nase nahm, war, daß er von einer so geschickten Feder nichts weiter aufgezeichnet fand, als das baare Factum; ohne das allergeringste von jener spekulativen Subtilität, oder behenden Spitzfindigkeit des Disputirens, womit der Himmel den Menschen begabet hat, um Wahrheiten zu ergründen, und auf allen Seiten zu verfechten. — Anfangs zischte und sprudelte mein Vater entsetzlich. — Es hat immer seinen Nutzen, einen guten Namen zu haben. — Der Dialog war von Erasmus; mein Vater schlug bald in sich, und las ihn noch Einmal, von Anfang bis

Ende mit grossem Bedachte durch; er studirte jedes Wort und jede Sylbe, durch und durch, in ihrem strengsten und buchstäblichen Verstande. — Er konnte auf diese Weise noch nichts herausbringen. Kann seyn, daß mehr darinn gemeynt ist, als gesagt, sagte mein Vater. — Gelehrte Männer, Bruder Toby, schreiben ihre Dialogen über lange Nasen nicht umsonst. — Ich will den mystischen und allegorischen Sinn herausstudiren. Hier ist noch Raum, Bruder, die Arme zu rühren!

Mein Vater las weiter. —

Nun find ich aber für nöthig, Ew. Hochwürden und Wohlgebohrnen, zu benachrichtigen, daß ausser dem mannichfaltigen Gebrauch langer Nasen bey der Schiffarth, welche Erasmus herzählt, der Dialogist behauptet, daß eine lange Nase auch nicht ohne ihren häuslichen Nutzen sey, — indem im Nothfall, — und wenn eben kein Blasebalg bey der Hand ist, sie ihre sehr gute Dienste thut, *ad excitandum Focum*, (Feuer anzufachen.)

Die

Die Natur war mit ihren Gaben gegen meinen Vater ausserordentlich verschwenderisch gewesen, und hatte den Saamen der Wortkritik eben so tief in ihn gesäet, als die Saamen aller übrigen Wissenschaften; — So, daß er sein Federmesser herauszog, und mit der Phrasis eine Erfahrung anstellte, ob er nicht einen bessern Verstand hinein radiren könnte. — Bis auf einen Einzigen Buchstaben nach, Bruder Toby, rief mein Vater, hab' ich Erasmus mystischen Sinn heraus. — So bist Du ihm doch gewiß auch nah genug gekommen, Bruder, erwiederte mein Oncle Toby. — Pscha! rief mein Vater, und schabte immerfort, — wenn ich auch noch sieben Meilen davon wäre. — Fertig bin ich — sagte mein Vater, und schlug Knipchen mit den Fingern. — Sieh' Einmal, liebster Bruder, wie ich den Sinn verbessert habe. — Aber ein Wort hast Du verhunzt, versetzte mein Oncle Toby. — Mein Vater setzte seine Brillen auf — biß die Lippen, — und riß im Aerger das Blatt aus.

Acht und dreyßigstes Kapitel.

O Slawkenbergius! Du getreuer Nachspürer meiner Disgrazias, — Du trauriger Wahrsager so mancher Striemen und Beulen, die mir in einem oder anderm Auftritte meines Lebens, die Kürze meiner Nase und nichts anders in der Welt, das ich wüßte, so unerwartet plötzlich zugezogen hat! — Sag' an, Slawkenbergius, welch ein geheimer Anschlag war es? wie intonirte die Stimme? woher kam sie? wie klang sie Deinen Ohren? Bist Du gewiß, daß Du sie hörtest? — welche Dir zuerst zurufte, — geh — geh, Slawkenbergius, weihe die Arbeiten Deines Lebens — versäume Deinen Zeitvertreib — rufe alle Kräfte und Vermögen Deiner Natur zusammen — mergele Dich ab im Dienste der Menschheit, und schreib für sie ein grosses Buch in Folio, und handle von den Nasen der Menschen.

Wie der Ton in Slawkenbergius Sensorium kam, — so, daß Slawkenbergius wissen konnte, wessen Finger die Taste anschlug — wes-

— wessen Hand es war, die die Bälgen hob, — darüber lassen sich, da Hafen Slawkenbergius seine anderthalb Schock Jahre todt ist, und in seinem Grabe liegt, bloß Muthmaassungen anstellen.

Slawkenbergius wußte, oder ich müßte mich sehr irren, eben so gut, wer ihn beorgelte, — als eine gewisse Dame, die es, auch im Finstern und ohne zu sprechen, auf ein Haar wußte, ob der Küster oder Kantor ihr Instrument bespielte; — alles Schliessen ist also unnütz.

— Denn in der Rechenschaft, die Hafen Slawkenbergius der Welt von seinen Ursachen und Anlässen zum Schreiben giebt, und warum er so viele Jahre von seinem Leben auf dieses einzige Werk verwendet; — gegen das Ende seiner Prolegomena, — welche, nebenher angemerkt, vorne hätte stehn sollen, — die aber der Buchbinder ganz kauderwelscher Weise zwischen den analitischen Inhalt des Buchs und das Buch selbst, verbunden hat — belehrt er seine Leser, daß er

 schon

schon gleich damals, als er zu verständigen Jahren gelangt, und fähig geworden war, vernünftig zu denken, und den wahren Zustand und die Beschaffenheit des Menschen zu überlegen, und den eigentlichen Zweck und die grosse Bestimmung seines Daseyns zu entwickeln; — oder — um meine Uebersetzung abzukürzen, — denn Slawkenbergius Buch ist lateinisch, und an dieser Stelle nicht wenig langstylig; — von der Zeit gleich an, da ich etwas Begriffe hatte, — oder vielmehr wußte, **warum der Bart wächst** — und gewahr wurde, daß der Punkt von den langen Nasen, von allen bisherigen Schriftstellern, zu nachläßig behandelt worden; — hab' ich — **Slawkenbergius**, einen starken Hang und einen mächtigen und unwiderstehlichen innerlichen Beruf gefühlt, mich zu dieser Unternehmung zu gürten.

Und man muß Slawkenbergius Gerechtigkeit wiederfahren lassen, und gestehn, daß er die Bahn mit einer stärkern Lanze betreten, und eine weit längere Strecke darinn zurückgelegt hat, als irgend ein Mann, der sie

vor

vor ihm betrat; — und daß er in der That, in manchem Betracht, verdient, allen Schriftstellern, den Bandreichen wenigstens, als ein Muster aufgestellt zu werden, nach dem sie ihre Bücher zu bilden hätten. — Denn, Herr, er umfaßt seine ganze Materie, — hat jeden ihrer Theile dialektisch untersucht, — darauf ins Helle gestellt, und so vieles Licht darüber verbreitet, als ihm theils die Collision seiner eignen Talente anzündete; — oder theils die tiefste Einsicht in die Wissenschaften dazu fähig machen konnte; — er hat dabey auf seinem Wege verglichen, gesammlet, ausgeschrieben, — gebettelt, geborget, gestohlen, geplündert, was nur in den Schulen und Hörsälen der Gelehrten darüber gesagt, geschrieben oder geschmiert worden, so, daß man Slawkenbergius Buch mit Recht, nicht bloß als ein Muster betrachten kann, — sondern als eine sorgfältig zusammengetragne Sammlung, und ordentliche Naseninstitution, welche Alles enthält, was man nur nöthiger Weise davon weiß oder wissen kann, will oder soll.

Aus dieser Ursach, enthalt' ich mich, von so manchen (sonst) schätzbaren Büchern und Abhandlungen in meines Vaters Sammlung zu sprechen, welche entweder geradezu über Nasen geschrieben worden, — oder sie nur seitwärts berührt haben; — als z. E. hier, Prignitz, der da aufm Tische vor mir liegt, der mit unendlicher Gelehrsamkeit, und nach der treuherzigsten und schulgerechtesten Untersuchung von mehr als vier tausend verschiedenen Todtenköpfen, die er wohl in zwanzig Beinhäusern in Schlesien hat durch seine Hände gehen lassen, — uns berichtet hat, daß das Maaß und die Bildung des Osscums, oder der knöchige Theil der menschlichen Nase, in jedem Lande und Reiche, — die crimmische Tartarey ausgenommen, wo sie alle mit dem Daumen eingedrückt werden, und man also darnach nicht urtheilen kann — sich viel gleicher sehen, als die Welt denkt. — Der Unterschied darunter, sagt er, ist eine blosse Kleinigkeit, nicht werth, sich dabey aufzuhalten. — Daß aber die Länge und Tüchtigkeit einer jeden Nase für sich, und das, wodurch eine Nase der andern den

Rang

Rang abläuft, und in höherem Preise steht, an ihren musculösen cartilaginösen Theilen liegt, in deren Röhren und Leitungen das Blut und die animalischen Geister von der Wärme und der Stärke der Imagination getrieben werden, die nur einen Schritt weit davon liegt, — (die Blödsinnigen muß man ausnehmen, von welchen Prignitz, der viele Jahre in der Türkey zugebracht hat, meynt, daß sie unter noch unmittelbarer Vormundschaft des Himmels stehen,) und es sich also gebührt, und sich gebühren muß, sagt Prignitz, daß die Vortreflichkeit der Nase in richtigem arithmetischem Verhältniß mit der Vortreflichkeit der Einbildungskraft ihres Besitzers steht.

Aus eben der Ursache, weil nämlich schon alles im Slawkenbergius enthalten ist, sag' ich ebenfalls nichts vom Scroderus, (Andrea) der, wie alle Welt weiß, mit vieler Heftigkeit gegen Prignitz aufstund, — und auf seine eigne Art bewieß, erstlich durch Schlüsse, und dann durch eine Reihe nichtssagender Erfahrungen, „Prignitz sey in sei-

„ner

„ner Behauptung, die Einbildung wirke auf „die Nase, soweit entfernt von der Wahr= „heit, daß gerade im Gegentheile, — die „Nase auf die Einbildung wirke.„

— Die Gelehrten bezüchtigten hierinn den **Scroderus** einer unanständigen Sophisterey — und **Prignitz** schrie im Dispüt ganz laut, **Scroderus** hab' ihm diese Idee untergeschoben. — **Scroderus** aber kehrte sich an nichts, und behauptete seinen Satz steif weg.

Mein Vater stund eben bey sich an, welcher von beyden Seiten er in dieser Sache beytreten sollte; als **Ambrosius Paraeus** in einem Augenblicke entschied, und dadurch, daß er beyde, sowohl Prignitz als Scroderus Systeme übern Haufen warf, ihn von beyden Seiten und dem ganzen Streithandel abzog.

Sehn Sie nun —

Dem geehrten Leser erzähl' ichs nicht; — daß ichs sage, ist bloß den Gelehrten zu zeigen, daß ich das Factum selbst weiß. —

Dieser Ambrosius Paraeus war erster Wundarzt und Nasenflicker beym Könige Franciscus dem Neunten von Frankreich, und stund in grossem Ansehen, bey diesem und zwey (ich weiß nicht, Vorwesern oder Nachfolgern) andern Königen; — und, die Schlitze, die er in der Historie mit Taliacotius Nase, und in seiner Manier, wie er sie wieder ansetzte, machte, ausgenommen, schätzte ihn das medicinische Collegium seiner Zeit als einen Mann, der mehr von der Nasenwissenschaft verstünde als irgend ein Mann, der nur welche betastete.

Dieser Ambrosius Paraeus nun überzeugte meinen Vater, daß die wahre und wirkende Ursach dessen, was die Aufmerksamkeit der Welt so stark auf sich gezogen, und woran Prignitz und Scroderus so viel Gelehrsamkeit und Witz verschwendet hätten, — weder das Eine noch das Andre sey, — sondern die Länge und Güte der Nase, kämen bloß darauf an, wie sanft und weich die Brust der Amme wäre, — wie die Kürze und Plattheit der Nasen der Spätergebohrnen,

nen, darauf, wie prall und elastisch eben dieses Werkzeug der Nahrung bey den jungen und frischen Säugerinnen befindlich sey (*) — welches, obgleich glücklich für die Säugerinn, dem Kinde sehr übel bekäme, indem seine Nase dadurch so geschnellt, geprellt, beschnippset und geknippset würde, daß sie unmöglich ad mensuram suam legitimam erwachsen könne; — wenn aber die Brust der Mutter oder Amme fein weich und schlapp wäre, — sagte Paraeus — würde die Nase, indem sie hinein sänke, als in einen Klecks Butter, gehegt, gefegt, gestärkt, genährt, gesteifet, gemästet, und zum beständigen Wachsthume gebracht.

Ich habe beym Paraeus nur Zweyerley anzumerken: Erstlich, daß er alles dieses mit der äussersten Züchtigkeit und dem besten Anstande von der Welt im Ausdrucke, erkläret und beweiset: — wofür seine Seele in beständigem Frieden ruhen möge!

Und Zweytens, daß ausser dem System des Prignitz und Scroderus, welche Am-

(*) Vid. Rabelais. 124. Cap. XL.

Ambrosius Paraeus seine Hypothesis völlig umstürzte — es auch zugleich das System des Friedens und guten Vernehmens unserer Familie über den Haufen warf — und drey volle Tage hinter einander, nicht nur meinen Vater und Mutter mit einander übern Fuß spannte, sondern auch das ganze Haus, mit Allem was nur darinn war, meinen Onele Toby ausgenommen, auf den Kopf setzte.

Eine solche lächerliche Klätscherey von Uneinigkeit zwischen Mann und Frau, war gewiß noch in keinem Lande und keinem Jahrhunderte, über die Schwellen auf die Gassen geschleppt worden.

Meine Mutter, müssen Sie wissen — Aber erst hab' ich Ihnen noch funfzig nöthigere Dinge zu berichten. — Ich habe ein Hundert Schwierigkeiten, die ich versprochen habe, aufzuklären, und ein Tausend Widerwärtigkeiten und häusliche Unglücksfälle, die haufenweiß und dreyfach, eine auf den Nacken der andern, auf mich eindrängen — Eine Kuh brach (Morgensfrüh) in meines Oncles Toby Fortification, fraß drittehalb Rationen dürres Gras und riß die Soden von der Böschung seines Hornwerks mit auf. — Trim besteht darauf, es soll Standrecht gehalten werden. — Die Kuh muß arquebusirt werden, — Slop gekreuziget, — ich selbst getristrammt, und schon in meiner Taufe ein Märtyrer werden. — Wir armen Teufel allzumal! Da lieg ich noch ohne Windeln! — Aber ich darf keine Zeit mit Exclamationen verlieren. — Meinen Vater hab' ich queer überm Bette liegen lassen, und mein Oncle Toby sitzt in seinem alten befranzeten Stuhle bey ihm; und ich versprach, ich wollte in einer halben Stunde wieder bey ihnen seyn, und fünf und dreyßig Minuten sind schon seitdem verflossen. — Von allen Wirrwarr, worinn man jemals einen sterblichen Autor gesehen — ist dies gewißlich der grösseste, denn, Herr, — ich habe noch Hafen Slawkenbergius sein in Folio durchzugehn — einen Dialog zwischen meinem Vater und meinem Oncle

Toby

Toby über die Auflösung der Meynungen des Prignitz, Scroderus, Ambrosius Paraeus, Ponocratius und Grangousier zu erzählen. — Eine Erzählung aus dem Slawkenbergius zu übersetzen, und das alles in fünf Minuten weniger, als alles was Zeit heißt. — Was für ein Kopf! — wollte der Himmel, meine Feinde sähen nur, wie es darinn hergeht!

Neun und dreyßigstes Kapitel.

Keine einzige andre Scene war so unterhaltend in unsrer Familie, — und ihr in diesem Stücke Gerechtigkeit wiederfahren zu lassen; — und hier nehm ich meine Mütze ab, und lege sie aufn Tisch, dicht bey meinem Dintefaß nieder, damit ich der Welt meine Erklärung über diesen Einen Artikel desto feyerlicher thun könne; — daß ich auf mein Gewissen glaube (wofern mich meine Liebe und Partheylichkeit für meinen eignen Verstand nicht blendet,) die Hand des höchsten Schöpfers und Regierers aller Dinge habe niemals

eine Familie gemacht oder zusammen gebracht (in dem Zeitraume wenigstens nicht, worüber ich ihre Historie schreibe,) — worinn die Charactere so äusserst dramatisch glücklich zu diesem Ende verschmolzen oder constrastirt waren, als die unsrige; oder welcher die Fähigkeiten, solche auserlesene Auftritte zu geben, oder das Vermögen, solche unaufhörlich, vom Morgen bis zum Abend, zu verändern, in einem so unerschöpflichen Maasse mitgetheilt worden wäre, als der Schandyschen Familie.

Keine von allen Scenen aber war unterhaltender, sag' ich, auf diesem unsern grillenhaften Theater — als die, welche öfters aus eben diesem nämlichen Kapitel von langen Nasen entstund, — besonders, wenn eben meines Vaters Einbildungskraft von seinen Nachforschungen erhitzt war, da ihm dann nichts recht war, wenn er meines Oncle Toby's seine nicht auch warm machen konnte.

Mein Oncle Toby pflegte meinen Vater bey dergleichen Versuchen, alle mögliche freye Hand

Hand zu lassen; und saß mit unendlicher Geduld ganze Stunden lang und schmauchte seine Pfeife, derweile mein Vater seine Künste an seinem Kopfe versuchte, und jeden Zugang ausspähete, wodurch er Prignitzens und Scroderus Erklärungen hineinbringen konnte.

Waren sie über meines Oncle Tobys Vernunft — oder ihr entgegen — oder war sein Gehirn wie nasser Zunder, daß kein Funken fangen wollte, — oder war es so voller Sappen, Minen, Pallisaden, Cortinen, und dergleichen militarischen Untüchtigkeiten, die Lehrsätze des Prignitz und Scroderus deutlich einzusehen — das kann ich nicht sagen — mögen das die Logiker, Ofenheitzer, Anatomisten und Ingenieurs unter einander ausfechten. —

Ein Unglück war, so viel weiß ich, bey dieser Sache, daß mein Vater für meinen Oncle Toby alles, Wort für Wort, aus dem Lateinischen des Slawkenbergius übersetzen mußte, und daß, weil er eben kein grosser Lateiner war, seine Uebersetzung wohl zuweilen hinkte, — und gemeinlich am meisten da, wo sie hätte auf graden Füssen gehen sollen. Dieses öfnete natürlicher Weise einem zweyten Uebel Thüre und Thore, — nämlich, in den hitzigern Anwandelungen, meinem Oncle Toby die Augen zu erdsnen — liefen meines Vaters Ideen eben so viel schneller, als seine Uebersetzung, wie die Uebersetzung schneller lief, als meines Oncle Toby's Ideen; — weder das Eine noch das Andre trug sonderlich dazu bey, meines Vaters Lexionen faßlicher zu machen.

Vierzigstes Kapitel.

Die Gabe durch Schlüsse Wahrheiten zu erfinden — bey Menschen meyne ich, — denn bey den höhern Klassen von Wesen, als da sind Engel und Geister, geschiehet alles, wenn Ew. Wohlgebohrnen es nicht übel nehmen wollen, wie man mir gesagt hat, anschauend — und die geringern Wesen, wie Ew. Wohlgebohrnen allzumal wissen,

sen, schliessen nach der Nase: Ob es gleich eine Insel giebt, die in der See schwimmt, ob wohl nicht so völlig geräumig, deren Bewohner, wofern meine Nachrichten mich nicht hintergehen, so wundersam begabt sind, daß sie auf eben die Art schliessen, und zwar so, daß sie es oft nicht übel treffen — doch das gehört hier nicht zur Sache —

Die Gabe es zu thun, wie es bey uns seyn sollte — oder die grosse und Hauptaction. Schlüsse zu machen, wie die Logiker sagen, besteht darinn, die Wahrheit zweener Sätze, vermittelst eines Dritten (medius terminus genannt) zu vergleichen und zu bestimmen. Grade wie ein Mann, nach Locke's richtiger Bemerkung, vermittelst einer Meßkette ausfindet, daß zwey Kegelbahnen von gleicher Länge sind, die man nicht zusammenbringen kann, um ihre Gleichheit per juxta positionem zu messen.

Hätte dieser grosse Denker zugesehen, wann mein Vater sein System über Nasen erklärte, und meines Oncle Toby's Betragen bemerkt, — wie aufmerksam der auf jedes Wort war, — und, so oft er seine Pfeife aus dem Munde nahm, mit was für erstaunlicher Ernsthaftigkeit er ihre Länge betrachte, — solche, wie er sie zwischen seinen Fingern und seinem Daumen hielt, der Queer nach ansah — dann grade aus, dann so hin, dann so hin — nach allen ihren möglichen Lagen und Verkürzungen — so würde er geschlossen haben, mein Oncle Toby hätte den *Medium Terminum* gefaßt, und schlösse und mässe darnach die Wahrheit jeder Hypothesis von langen Nasen, so, wie solche mein Vater ihm vorlegte. Dies, im Vorbeygehen, war mehr, als mein Vater verlangte. — Sein Zweck bey aller Mühe, die er sich bey diesen philosophischen Vorlesungen gab, — war, meinen Oncle Toby in Stand zu setzen, — nicht, zu ergründen — sondern, zu begreifen — die Grane und Scrupel der Gelehrsamkeit zu fassen, — nicht sie zu wägen. — Mein Oncle Toby, wie Sie im nächstfolgenden Kapitel lesen werden, that weder das Eine noch das Andre.

Ein

Ein und vierzigstes Kapitel.

Jammer und Schade, sagte mein Vater an einem Winter Abend, nachdem er drey mühselige Stunden lang aus dem Slawkenbergius gedollmetscht hatte — Jammer und Schade, sagte mein Vater, und legte bey dem Sprechen meiner Mutter ihre Zwirnkarte als ein Zeichen in das Buch — daß die Wahrheit, Bruder Toby, sich in solche unüberwindliche Festungen einschliessen und so hartnäckig seyn muß, zuweilen die heftigste Belagerung nicht zu achten! —

Nun geschah es eben, wie wirklich schon oft geschehen war, daß meines Oncle Tobys Gedanken, unter der Zeit, daß ihm mein Vater den Prignitz erklärt, — weil sie dabey nichts zu thun hatten — ein wenig nach dem grünen Bosselplatze spatzirt waren; — Sein Körper hätte eben so gut mit geschlendert seyn mögen, — so, daß bey aller Gleichheit des Mittelsatzes eines tiefgelehrten Professors — mein Oncle Toby von der ganzen Vorlesung

 und

und ihren *Pro & Contra's* eben so wenig wußte, als ob mein Vater aus Hafen Slawkenbergius Latein ins Hottentotische übersetzt hätte. Das Wort Belagerung in meines Vaters Metapher aber, lockte, wie eine talismanische Kraft, meines Oncle Tobys Gedanken so schnell herbey, als eine Note auf ihren Anschlag folget. — Er spitzte die Ohren, — und da mein Vater gewahr ward, daß er seine Pfeife aus dem Munde nahm, und seinen Stuhl näher an den Tisch schob, als mit Begierde zu lernen — so begann mein Vater seine Periode von neuem — nur änderte er den Plan, und ließ die Metapher heraus, um gewissen Gefahren auszuweichen, die mein Vater daher besorgte.

Jammer und Schade, sagte mein Vater, daß die Wahrheit nur auf einer Seite seyn kann, Bruder Toby, — wenn man sieht, wie fein und scharfsinnig alle diese gelehrten Männer die Nasen zergliedert haben. — Heißt zergliedern so viel, als zerschneiden? versetzte mein Oncle Toby.

—Mein

— Mein Vater rutschte seinen Stuhl zurück — stund auf — setzte seinen Huth auf — that vier lange Schritte nach der Thüre — riß sie auf — steckte den Kopf halb hinaus — schlug die Thüre wieder zu — hörte nicht einmal daß sie knarrte — ging wieder zum Tische — nahm meiner Mutter Zwirnkarte aus Slawkenbergius Buche — lief nach seinem Schreibpulte — kam langsam zurück und wickelte meiner Mutter Zwirnkarte um seinen Daumen, — knöpfte seine Weste auf — warf meiner Mutter Zwirnkarte ins Kaminfeuer — biß in meiner Mutter Nadelkissen, und bekam den Mund voller Kleyen — fluchte, daß Du verwirrt wärst! — Aber, merken Sie! — der Fluch war nach meines Oncle Toby's Gehirn gezielt — das ohnedem schon verwirrt genug war — der Fluch war nur auf Kleyen geladen, — die Kleyen waren, mit Ew. Wohlgebohrnen Wohlnehmen — das wahre Pulver für diese Kugel.

Ein Glück wars, daß meines Vaters Hitze nicht lange währte; denn so lange sie dauerte,

tum-

tummelte sie ihn jämmerlich herum, und es ist Eins der unauflöslichsten Aufgaben, die mir bey meinen Beobachtungen der menschlichen Natur aufgestossen sind — daß meinen Vater nichts so sehr in Hitze bringen, und er über keine Sache so wie Schießpulver auffahren konnte, als bey den unerwarteten Streichen, die die artige Treuherzigkeit in meines Oncle Toby's Fragen auf seine Gelehrsamkeit that. Hätten zehn Dutzend Wespen zugleich ihn hinten an eben so verschiedenen Stellen gestochen — so hätte er nicht mehr mechanische Bewegungen in weniger Sekunden verrichtet, — oder ärger gesprudelt haben, als über eine einzige Frage von drey Worten, die ihm so zur ungelegenen Zeit, wenn er mit seinem Steckenpferde im besten Gallopp war, auf Einmal in den Weg geworfen wurde.

Mein Oncle Toby hatte kein Arges daraus, — er schmauchte seine Pfeife mit unverrückter Gelassenheit fort — er war niemals gesonnen, seinen Bruder zu beleidigen — und sein Kopf konnte selten ausfindig machen, wo der Stachel

chel sitzen könnte. — Er ließ meinem Vater allemal die Ehre, von selber wieder kalt zu werden. — Im gegenwärtigen Falle brauchte er dazu fünf Minuten und fünf und dreyßig Sekunden.

Bey allem was heilig ist, sagte mein Vater, als er wieder zu sich selber kam, und nahm den Fluch aus **Ernulphus** Fluchlitaney — [ob das gleich, um gegen meinen Vater gerecht zu seyn, ein Fehler war, in welchen er (wie er dem Doktor Slop, bey Gelegenheit des **Ernulphus**, selbst sagte) so selten verfiel als ein Mann auf dem Erdboden] — Bey allem was groß und heilig ist, Bruder Toby! sagte mein Vater, wärs nicht die Philosophie, die einem so sehr zu statten kommt: — Du solltest einen aus aller Fassung setzen. Du hättest leicht einsehen können, hättest Du mich nur mit einem Körnchen Aufmerksamkeit beehrt, daß ich unter dem **Zergliedern**, wovon ich Dir erwehnte, die verschiedenen Abhandlungen verstund, worinn gelehrte Männer in verschiedenen Wissenschaften, der Welt die Ursachen von langen und kurzen Nasen, vor Augen gelegt haben. — Es giebt nur eine Ursache, erwiederte mein Oncle Toby.. — warum der eine Mensch eine längre Nase hat, als der andre, die ist, weil es Gottes Wille so haben wollte. — So hat es **Grangousier** zergliedert, sagte mein Vater. — Er ist es, fuhr mein Oncle Toby fort, wobey er die Augen gen Himmel schlug, und sich an meines Vaters Reden nicht kehrte, der uns alle auf die Welt setzt, und uns mit solchen Gestalten und Gliedmaassen und zu solchen Endzwecken gebildet und geschaffen, als es seine unendliche Weisheit für gut befunden hat. — Die Erklärung ist gottesfürchtig, rief mein Vater, aber nicht philosophisch, — 'S ist mehr Religion darinn, als ächte Wissenschaft. Es war kein widersprechender Zug in meines Oncle Toby's Charakter, — daß er Gott fürchtete und die Religion verehrte; den Augenblick also, da mein Vater mit seiner Anmerkung fertig war — fing mein Oncle Toby an, seinen Regimentsmarsch zu pfeifen,

mit

mit mehr Andacht (ob er gleich mehr aus dem Tone kam) als gewöhnlich.

Wo ist meiner Frauen ihre Zwirnkarte geblieben?

Zwey und vierzigstes Kapitel.

Thut nichts, — als ein zur Nätherey erforderliches Zubehör, mochte an der Zwirnkarte meiner Mutter wohl etwas gelegen seyn, — meinem Vater aber, als ein Zeichen im Slawkenbergius, gar nichts. Slawkenbergius war für meinen Vater auf jeder Seite, ein reicher Schatz von unerschöpflichen Kenntnissen. Er konnte ihn nicht vergebens aufschlagen; und pflegte er oft zu sagen, wenn er das Buch zumachte, daß, wenn alle Künste und Wissenschaften in der Welt, mit den Büchern, die davon handeln, verlohren gingen — sollten die Weisheit und Policey der Regierungen, sagt er, durch versäumten Gebrauch, zufälliger Weise vergessen werden, und alles was Staatsmänner über die starken und schwachen Seiten der Höfe und Königreiche geschrieben haben, oder haben schreiben lassen, obendrein, und nur Slawkenbergius allein bliebe übrig — so würde darinn gewißlich noch genug seyn, pflegt' er zu sagen — die Welt wieder in Gang zu bringen. Ein Schatz war er also in der That! Eine Instutition alles dessen, was man von Nasen, oder allen übrigen Dingen, zu wissen nöthig hat. — Zur Morgens, Mittags und Vesperzeit war **Hafen Slawkenbergius** seine Wonn' und Augenweide! — er kam nicht aus seinen Händen, — Sie sollten geschworen haben, mein Herr, es wäre das Psalmbuch eines Chorherrn, so kahl, so gleissend, so betastet und bemakelt war es über und über, unten und oben, an allen Ecken und Kanten vom Fingern und Däumeln.

Ich bin kein so eifriger Verehrer des **Slawkenbergius**, als mein Vater; — er hat viel Gutes, das ist nicht zu läugnen; nach

nach meiner Meynung aber ist die beste, ich sage eben nicht die lehrreichste, sondern lustigste Seite am Hasen Slawkenbergius, seine Erzählungen, — und, wenn man bedenkt, daß er ein Deutscher war, sind einige davon nicht ohne Witz erzählt: — Diese machen sein zweytes Buch aus, welches beynahe seinen halben Folianten anfüllt, und bestehn in Zehn Decaden, und jede Decade begreift in sich Zehn Erzählungen. Die Philosophie ist nicht auf Erzählungen gebauet; derhalben hatte Slawkenbergius freylich Unrecht, solche unter diesem Namen in die Welt zu schicken; — In seiner achten, neunten und zehnten Decade befinden sich auch einige, die, ich muß es gestehn, viel eher spaßhaft, und kurzweilig scheinen möchten, als tiefgedacht. Ueberhaupt aber müssen solche von Gelehrten angesehn werden, als das Detail von eben so vielen unterschiedlichen Thatsachen, welche alle auf eine oder die andre Weise sich um den Hauptangel seines Vorwurfs drehen, und die er mit grosser Treue gesammlet, und seinem Werke, als lauter

Er=

Erläuterungen der Lehre von den Nasen, einverleibet hat.

Da wir Musse genug vor uns haben, will ich — wenn Sie mirs erlauben, Madame, — Ihnen die Neunte aus seiner Zehnten Decade erzählen.

Ende des dritten Theils.

Tristram Schandis
Leben
und
Meynungen.

Multitudinis imperitæ non ſormido judicia; meis tamen, rogo, parcant opuſculis — in quibus fuit propoſiti ſemper, a jocis ad ſeria, a ſeriis viciſſim ad jocos tranſire.

JOAN. SARESBERIENSIS,
Epiſcopus Lugdun.

Vierter Theil.

Zwote verbeſſerte Auflage.

Hamburg,
Bey Carl Ernſt Bohn,
1776.

SLAWKENBERGII

FABELLA. (*)

Veſpera quâdam frigidulâ, poſteriori in parte menſis *Auguſti*, peregrinus, mulo fuſco colore inſidens, manticâ a tergo, paucis induſiis, binis calceis, bracciſque ſericis coccineis repletâ *Argentoratum* ingreſſus eſt.

Militi eum percontanti, quum portam intraret, dixit, ſe apud Naſorum promontorium fuiſſe, Francofurtum proficiſci, et Argentoratum, tranſitu ad fines Sarmatiae menſis intervallo, reverſurum.

Miles peregrini in faciem ſuſpexit — di boni, nova forma naſi!

At

(*) Da *Hafen Slawkenbergius de Naſis* äuſſerſt rar iſt: ſo kann es dem gelehrten Leſer nicht unangenehm ſeyn, einige Seiten ſeines Originals, hier als ein Pröbchen beygebracht zu finden. Ich will keine andre Anmerkung darüber machen, als daß

Erzählung des Slawkenbergius.

Es war an einem kühlen Abende nach einem sehr schönen Tage, in der letzten Hälfte des Monats August, als ein Fremder, auf einem dunkelbraunen Maulthiere, mit einem kleinen Mantelsacke hinten auf, darinn er einige Hemden, ein Paar Schuhe und ein Paar roth atlassne Beinkleider hatte, zu Straßburg ins Thor herein ritt.

Er sagte der Schildwache, die ihm am Schlagbaume examinirte, er sey am Vorgebirge der Nasen gewesen — ginge nach Frankfurth — und würde in einem Monate, auf seinem Wege nach der crimischen Tartarey, wieder durch Straßburg kommen.

Die Schildwache sah den Fremden ins Gesicht — hatte in ihrem Leben keine solche Nase gesehen!

At multum mihi profuit, inquit peregrinus, carpum amento extrahens, e quo pependit acinaces: Loculo manum inſeruit; et magnâ cum urbanitate, pilei parte anteriore tactâ manu ſiniſtrâ, ut extendit dextram, militi florinum dedit et proceſſit.

Dolet mihi, ait miles, tympaniſtam nanum et valgum alloquens, virum adeo urbanum vaginam perdidiſſe; itinerari haud poterit nudâ acinaci, neque vaginam toto *Argentorato*, habilem inveniet. — Nullam unquam habui, reſpondit peregrinus reſpiciens, — ſeque comiter inclinans — hoc more geſto, nudam acinacem elevans, mulo lentò progrediente, ut naſum tueri poſſim.

Non

daß sein kurzerzählendes Latein, viel gedrungner ist, als sein philosophischer Styl — und nach meinem Dafürhalten, auch mehr Latinität enthält.

— Sie ist mir sehr gut zu statten gekommen, sagte der Fremde — hiebey zog er die Faust aus einer schwarzen Bandschleife, woran ein kurzer Säbel hing, fuhr mit der Hand in seine Tasche, berührte ungemein höflich mit seiner linken Hand, wie er seine Rechte ausstreckte, den Vordertheil seiner Reisemütze, drückte der Schildwache einen Gulden in die Hand, und paßirte.

Es ist doch dumm, sagte die Schildwache, und sprach mit einem kleinen, zwergartigen, säbelbeinigen Trommelschläger, daß ein so höflicher Mensch seine Scheide hat verlieren müssen. — Er kann nicht reisen, er muß eine Scheide zu seinem Säbel haben, und in ganz Straßburg wird er doch keine finden, die darüber paßt. — Ich habe niemals eine gehabt, sagte der Fremde, der sich nach der Schildwache umsahe, und mit der Hand an seine Mütze faßte, wie er sprach — Ich führ ihn, — fuhr er fort und hielt dabey den blossen Säbel zum Hiebe, indessen sein Thier immer langsam fortging — meine Nase zu vertheidigen.

Non immerito, benigne peregrine, respondit miles.

Nihili aestimo, ait ille tympanista, e pergamenâ factus est.

Prout christianus sum, inquit miles, nasus ille, ni sexties major sit, meo esset conformis.

Crepitare audivi, ait tympanista.

Mehercule! sanguinem emisit, respondit miles.

Miseret me, inquit tympanista, quin non ambo tetigimus!

Eodem temporis puncto, quo haec res argumentata fuit inter militem et tympanistam, disceptabatur ibidem tubicine et uxore sua, qui tunc accesserunt et peregrino praetereunte, restiterunt.

Quan-

Das ist sie auch wohl werth, lieber Herr, versetzte die Schildwache. — Nicht ein'n Heller ist sie werth, sagte der säbelbeinige Trommelschläger. — 'S ist 'ne Nase von Pergament.

So wahr ich ein rechtgläubiger catolischer Christ bin, — nur daß sie sechsmal so groß ist — 's ist 'ne Nase, sagte die Schildwache, wie meine eigne.

— Ich habe sie knittern hör'n, sagte der Trommelschläger.

Blitz und der Hagel! ich habe sie bluten seh'n.

Sünd und Schande, rief der säbelbeinige Trommelschläger, daß wir sie nicht beyde befühlt haben.

Zu eben der Zeit, da dieser Wortwechsel zwischen der Schildwache und dem Trommelschläger vorfiel, kretteten sich auch ein Trompeter und eine Trompeters Frau darüber, welche eben dazu gekommen waren, und still stunden, den Fremden vorbey reiten zu sehn.

Quantus nasus! aeque longus est, ait tubicina, ac tuba.

Et ex eodem metallo, ait tubicen, velut sternutamento audias.

Tantum abest, respondit illa, quod fistulam dulcedine vincit.

Aeneus est, ait tubicen.

Nequaquam, respondit uxor.

Rursum affirmo, ait tubicen, quod aeneus est.

Rem penitus explorabo; prius enim digito tangam, ait uxor, quam dormivero.

Mulus peregrini, gradulento progressus est, ut unumquodque verbum controversiae, non tantum inter militem et tympanistam, verum etiam inter tubicinem et uxorem ejus, audiret.

Ne-

Gott sey bey uns! — was 'ne Nase! 'S ist so lang, sagte die Trompeters Frau, als eine Trompete.

Und von solchem Metall auch, sagte der Trompeter, man hörts am Niesen.

'S ist so sanft als eine Flöte, sagte sie.

— 'S ist Meßing, sagte der Trompeter.

— Warum nicht gar ein Ende Wurst! sagte die Frau.

Ich sag dirs noch einmal, 's ist eine messingene Nase.

Ich wills wohl herauskriegen, sagte die Trompeters Frau, denn ich will mit dem Finger daran fühlen, noch eh' ich schlafen geh.

— Des Fremden sein Maulthier ging so langsam daher, daß er jedes Wort des Zanks hörte, nicht nur zwischen der Schildwache und dem Trommelschläger, sondern auch zwischen dem Trompeter und der Trompeters Frau.

Nein!

Nequaquam, ait ille, in muli collum fraena demittens, et manibus ambabus in pectus positis, (mulo lentè progrediente) nequaquam ait ille, respiciens, non necesse est ut res isthaec dilucidata foret. Minime gentium! meus nasus nunquam tangetur, dum spiritus hos reget artus — Ad quid agendum? ait uxor burgomagistri.

Peregrinus illi non respondit. Votum faciebat tunc temporis sancto Nicolao, quo facto, sinu dextram inserens, e quâ negligenter pependit acinaces, lento gradu processit per plateam Argentorati

la-

Nein! sagt' er, wobey er den Zügel auf den Nacken des Thiers fallen ließ, und seine beyden Hände über einander, in der Stellung eines andächtigen Heiligen, auf die Brust legte, (sein Thier ging immer seinen langsamen Gang fort) Nein! sagt' er, mit in die Höhe geschlagnen Augen — das bin ich der Welt nicht schuldig — ich bin zu sehr verläumdet, zu sehr hintergangen — daß ich ihr die Ueberzeugung in die Hand gebe. — Nein, sagt' er, meine Nase soll niemand anfassen, so lange mir der Himmel Kräfte verleihet. — Wozu? sagte eine Bürgermeisters Frau.

Er hörte nicht darauf, was des Bürgermeisters Frau sagte — er that dem Sanct Nicolaus ein Gelübde; das gethan, und nachdem er seine Arme mit eben der Feyerlichkeit wieder entfaltet, womit er sie gefaltet hatte, nahm er den Zügel wieder in die linke Hand, steckte die rechte, worüber er den Säbel locker hängen hatte, in den Busen und ritt so langsam, als die Füsse seines Maulthiers nachfolgen konnten, durch die Hauptgassen von Straßburg, bis ihn der Zufall nach dem

latam quae ad diverſorium templo ex adverſum ducit.

Peregrinus mulo deſcendens eum ſtabulo includi, et manticam inferri juſſit: quâ apertâ et coccineis ſericis femoralibus extractis cum argenteo laciniato Περιζόματε, his ſeſe induit, ſtatimque, cum acinaci in manu, ad forum deambulavit.

Quod ubi peregrinus eſſet ingreſſus, uxorem tubicinis obviam euntem aſpicit; illico curſum flectit, metuens ne naſus ſuus exploraretur, atque ad diverſorium regreſſus eſt — exuit ſe veſtibus; braccas coccineas ſericas manticae impoſuit mulumque educi juſſit.

Fran-

dem grossen Gasthofe, am Marktplatze, gegen der Kirche über, brachte.

Sobald der Fremde abstieg, befahl er sein Thier nach dem Stalle zu führen, und seinen Mantelsack herein zu bringen; und dann machte er ihn auf und nahm daraus hervor seine roth atlassne Beinkleider, mit einem mit Silber befranzeten — (Zubehör, welches ich nicht übersetzen darf.) — Er zog seine Beinkleider an, mit dem befranzeten Nestellatz, und stehenden Fusses, mit seinem kurzen Säbel in der Hand, ging er aus, nach dem grossen Paradeplatz.

Der Fremde war eben dreymal auf dem Platze auf- und niedergegangen, als er auf der andern Seite des Trompeters Frau ansichtig wurde; — er kehrte also, aus Furcht, seine Nase möchte in die Klemme gerathen, kurz um, und ging flugs wieder nach seiner Herberge, — kleidete sich aus, packte seine roth atlassene Beinkleider mit Zubehör in seinen Mantelsack, und foderte sein Maulthier.

Ich

Francofurtum proficiſcor, ait ille, et Argentoratum quatuor abhinc hebdomatibus revertar.

Bene curaſti hoc jumentum (ait) muli faciem manu demulcens — me, manticamque meam, plus ſexcentis mille paſſibus portavit.

Longa via eſt! reſpondet hoſpes, niſi plurimum eſſet negoti. — Enimvero, ait peregrinus, a naſorum promontorio redii, et naſum ſpecioſiſſimum, egregioſiſſimumque quem unquam quiſquam ſortitus eſt, acquiſivi.

Dum peregrinus hanc miram rationem de ſeipſo reddit, hoſpes et uxor ejus, oculis intentis, peregri-

Ich reise weiter nach Frankfurth, sagte der Fremde — und heute übern Monat bin ich wieder in Straßburg.

Ich will hoffen, fuhr der Fremde fort, indem er sein Maulthier mit der linken Hand über den Kopf streichelte, als er sich aufsetzen wollte, daß Ihr dieses meines getreuen Thiers ehrlich gepfleget habt.— es hat mich und meinen Mantelsak, fuhr er fort, und patschte dem Thiere den Rücken, schon manche hundert Meilen getragen.

— Das ist eine weite Reise, mein Herr, sagte der Gastwirth — ein Mann muß wichtige Geschäfte haben, wenn — St! St! sagte der Fremde, ich bin nach dem Vorgebirge der Nasen gewesen, und habe mir eine der tüchtigsten und längsten daher geholt, dem Himmel sey Dank, die jemals einem Junggesellen zu Theile gefallen sind.

Derweile der Fremde diese wundersame Nachricht von sich ertheilte, hatten der Gastwirth und seine Frau beyde die Augen starr

grini naſum contemplantur — Per ſanctos, ſanctaſque omnes, ait hoſpitis uxor, naſis duodecim maximis in toto Argentorato major eſt! — Eſtne, ait illa, mariti in aurem inſuſurrans, nonne eſt naſus praegrandis?

Dolus ineſt, anime mi, ait hoſpes — naſus eſt falſus. —

Verus eſt, reſpondit uxor. —

Ex abiete factus eſt, ait ille, terebinthinum olet —

Carbunculus ineſt, ait uxor.

Mortuus eſt naſus, reſpondit hoſpes.

Vivus eſt, ait illa, — et ſi ipſa vivam, tangam.

Vo-

auf des Fremden Nase geheftet. — Bey der Sankt Radagunda, sagte des Gastwirths Frau bey sich selbst, es steckt mehr darinn, als in einem ganzen Dutzend der längsten Nasen in ganz Straßburg zusammen genommen! Ists nicht, sagte sie, und flüsterte es ihrem Manne ins Ohr, ists nicht eine prächtige Nase?

'S steckt Betrug dahinter, mein Schatz, sagte der Gastwirth. — 'S ist eine falsche Nase. — —

'S ist eine wahre Nase, sagte seine Frau.

Von Feurenholz ist sie gemacht, sagt' er, — Ich rieche ihr das Harz an —

Es sitzt eine Finne daran, sagte sie.

'S ist eine todte Nase, versetzte der Gastwirth.

'S ist wohl eine lebendige Nase! und wenn ich selbst das Leben habe, sagte die Frau des Gastwirths, so will ich dran fühlen.

Votum feci ſancto Nicolao, ait peregrinus, naſum meum intactum fore uſque ad — Quodnam tempus? illico reſpondit illa.

Minime tangetur, inquit ille (manibus in pectus compoſitis) uſque ad illam horam — Quam horam? ait illa. — Nullam, reſpondit peregrinus, donec pervenio, ad — Quem locum? — obſecro! ait illa — Peregrinus nil reſpondens mulo conſcenſo diſceſſit.

Ich habe Heute dem Sankt Nicolaus ein Gelübde gethan, sagte der Fremde, daß meine Nase nicht befühlt werden soll, bis — hier hielt der Fremde inne — und richtete die Augen gen Himmel — Bis wenn? sagte sie hastig.

Sie soll nicht eher berührt werden, sagt' er, wobey er beyde Hände zusammenschlug und fest auf die Brust legte, bis zu der Stunde — Welcher Stunde? rief des Gastwirths Frau. — Niemals — niemals! sagte der Fremde, niemals bis ich dahingelange wo — Ums Himmelswillen, wohin? sagte sie — Der Fremde ritt fort, ohne ein Wort zu sagen.

Der Fremde war noch keine halbe Meile auf seinem Wege nach Frankfurth gekommen, als schon die ganze Stadt Straßburg über seine Nase in Aufruhr gerieth. Man läutete eben zur Vesper und rufte die Straßburger zur Andacht, um die Pflichten des Tages mit Gebet zu endigen — keine Seele in ganz Straßburg hörte darauf. — Die Stadt glich einem Bienenschwarme — Männer, Weiber und Kinder (die Vesperglocken bimmelten immer fort) flogen hierhin, dorthin — in eine Thüre hinein, aus einer andern heraus — linksum, rechtsum — gradaus — in die Queere — Gass' auf, Gasse nieder — dieses Gäßchen hinein, jenes wieder heraus — Ha'n S'es g'sähn? Ha'n S'es g'sähn? Ha'n S'es g'sähn? o! Ha'n S'es g'sähn? — Wer sah sie? wer that sie sehn? — ums Himmelswillen! that's niemand sehn?

O Jemini! ich war in der Vesper! — Ich war beym Waschen — ich war beym Plätten — ich scheuerte — ich strickte — Ach liebe Zeit! Ich ha's net g'sähn — ich ha's net g'fühlt! — wär' ich doch eine

Schild=

Schildwach g'wesen! ein säbelbeiniger Trommelschläger, ein Trompeter, eine Trompeters Frau! war das allgemeine Geschrey und Geklage auf jeder Gasse und in jedem Winkel von Straßburg.

Während der Zeit, daß alles in dem grossen Straßburg d'runter und d'rüber ging, ritt der liebe Fremde mit seinem Maulthiere gen Frankfurth so still vor sich weg, als ob ihm die ganze Sache ganz und gar nichts anginge — und sprach im Reiten einige abgebrochene Reden, zuweilen mit seinem Thiere — zuweilen mit sich selbst — zuweilen mit seiner Julia.

O Julia, meine liebenswürdige Julia! — O, ich kann mich nicht darnach aufhalten, dich die Distel abraufen zu lassen — Mußte mich die verdächtige Zunge eines Nebenbuhlers um eine Glückseligkeit bringen, die ich eben im Begriff stund zu kosten! —

— — Ph! es ist ja nur eine Distel! — Laß nur, laß nur! — Du sollst heute Abend eine bessere Mahlzeit haben! —

 — Ver-

— Verbannt aus meinem Vaterlande — von meinen Freunden — von dir! —

Armer Teufel, du bist wohl schon jämmerlich müde! — Komm, — ein bischen frischer mußt du zugehn! — es ist ja nichts in meinem Felleisen, als zwey Hemden — ein Paar rothatlaßne Beinkleider und ein befranzeter — Theureste Julia! —

Warum aber eben nach Frankfurth? — Ists etwa eine unsichtbare Hand, die mich heimlich durch diese krummen und unbekannten Wege leitet! —

— Knickbein! Beym Sankt Nicolaus, bey jedem Schritt knickbeinst du! — Wenn das so geht, so kommen wir vor später Nacht nicht hin nach —

— Zur Glückseligkeit! — oder soll ich ein Ball des Glücks und der Verläumdung seyn? — bestimmt, unüberführt — ungehört — unangegriffen fortgejagt zu werden? — Wenn das, warum blieb ich nicht zu Straßburg, wo man so gerecht — Warte nur,

trin=

trinken sollst du — beym heiligen Nicolaus — O Julia! — wovor spitzest du die Ohren? — 'S ist nur ein Mensch u. s. w. —

Der Fremde ritt bey diesem Gespräche mit seinem Maulthiere und Julia immer sachte fort —. bis er in seiner Herberge ankam, woselbst er, gleich bey seiner Ankunft abstieg, — dafür sorgte, wie er versprochen hatte, daß sein Thier gut versorgt würde — seinen Mantelsack mit den rothatlassnen Beinkleidern u. s. w. abnahm, — ein Rühr = Ey zum Abendessen foderte, um zwölf Uhr zu Bette ging, und in fünf Minuten in festen Schlaf fiel.

Um eben die Stunde ungefehr war's, als für den Abend der Aufruhr in Straßburg sich legte, und die Straßburger alle ruhig zu Bette gegangen waren — jedoch nicht wie der Fremde, weder mit Seele noch Leibe zu ruhen. Der scheckigte Gott der Träume und der Phantasie hatte, wie ein wahrer Alraun, die Nase des Fremden genommen, und hatte den Abend damit zugebracht, daß er sie, ohne ihrer Grösse dadurch etwas zu benehmen, in eben so vielerley Stücke und Formen getheilt und gespaltet, als nur Köpfe in Straßburg waren, die sie tragen konnten. Die Aebtißinn von Quedlingberg, welche gerade in der Woche mit vieren der Großbeamten ihres Kapitels, der Priörinn, der Dechantinn, der Sub = Cantorinn und der Seniorinn Canoneßinn nämlich, nach Straßburg gekommen war, um bey der Universität ein Responsum über einen Gewissensfall, wegen ihrer Schlitzen im Hemde einzuholen, befand sich die ganze Nacht über nicht wohl.

Die Nase des lieben Fremden hatte sich auf den Wipfel der Glandulæ pinealis ihres Gehirns gesetzt, und in der Phantasie der vier Großbeamten ihres Kapitels ein solches Gepolter angerichtet, daß sie die ganze Nacht kein Auge davor zu thun konnten. — Sie konnten mit keinem Gliede weder ruhn noch rasten — Kurz sie sahn aus wie die leibhaftigen Gespenster, als sie aufstunden.

Die

Die Schwestern vom dritten Orden des heiligen Franciscus — die Nonnen vom Berge Calvary — die Prämonstratenserinnen — die Clunienserinnen (*) — die Cartheuser Schwestern, und alle die Nonnen von den strengern Ordensregeln, welche diese Nacht zwischen härnen Decken lagen, waren noch übler daran, als die Aebtißinn von Quedlingberg — indem sie sich die ganze Nacht durch in ihren Betten, bald von der rechten auf die linke, bald von der linken auf die rechte Seite warfen und kehrten, und kehrten und warfen — Die verschiedenen Schwesterschaften hatten sich fast zu Tode gekrauet und gekratzet — fast lebendig geschunden stunden sie aus ihren Betten auf — alle dachten, der heilige Antonius habe sie mit seiner Feuerprobe heimgesucht — Kurz, sie hatten während der ganzen Nacht, von Abend bis Morgen, keinen Wink Schlafs in die Augen bekommen.

Die

(*) Hafen Slawkenbergius meynt hier die Benedictiner Nonnen von Cluny, welche im Jahr 940 vom Abt von Cluny, Odo, gestiftet wurden.

Die Nonnen von Sanct Ursula thaten am klügsten — sie dachten gar nicht ans Zubettgehen.

Der Dechant von Straßburg, die Präbendarien, die Kapitularen, und Domicilarien (des Morgens bey versammelten Kapitel, um über die Butterwecken zu rathschlagen) wünschten alle, sie hätten dem Beyspiele der Nonnen von St. Ursula gefolgt. — In dem allgemeinen Gewirre, worinn die Sache des Abends vorher sich befunden, hatten die Becker vergessen den Teig anzurühren. In ganz Straßburg waren keine Butterwecken zum Frühstücke zu haben. — Der ganze Dombezirk war in einem unaufhörlichen Gewühle. — Eine solche Ursache der Unruhe und Schlaflosigkeit, und ein so eifriges Forschen nach der Ursache dieser Schlaflosigkeit und Unruhe, war in Straßburg nie erhört, seitdem Martin Luther mit seiner Lehre die Stadt umgekehrt hatte.

Wenn die Nase des Fremden sich die Freyheit nahm, sich solcher Gestalt in die Schüs-

seln

feln (*) der geistlichen Ordensschwestern und Brüder zu tunken, welch eine Zucht mußte sie denn nicht in der Layen ihren anrichten! — Es ist mehr, als meine Feder, die so schon bis an den Stumpf abgenützt ist, zu beschreiben vermag; — ob ich gleich gestehe, (ruft **Slawkenbergius, mit einer grössern Sinnesfrölichkeit, als ich von ihm erwartet hätte,**) daß es wirklich ein manches gutes Gleichniß in der Welt giebt, das meinen Landsleuten die Sache einiger Maassen begreiflich machen könnte; allein am Schlusse eines solchen Folianten wie dieser, den ich für sie geschrieben, und wobey ich meine meiste Lebenszeit zugesetzt habe — ob ich gleich gestehe, daß ein solches Gleichniß vorhanden — würde es doch ein wenig unbillig von ihnen seyn, zu erwarten, daß ich Zeit oder Ne- [illegible] — [illegible] gung [illegible]

(*) Herr Schandy, der sich den Rhetorikern bestens empfiehlt, — weiß recht gut, daß Slawkenbergius hier seine Metapher verändert hat, — welches über seinen Kopf kommen mag; — daß aber Herr Schandy, als ein Uebersetzer, alles gethan hat, was er konnte — um sie ganz durchzuführen — daß es aber hier unmöglich war.

gung haben sollte, darnach zu suchen! Es sey genung zu sagen, daß die Unordnung und Verwirrung, welche solche in den Phantasien der Straßburger anrichtete, so allgemein war — daß sie sich eine so überwiegende Gewalt über alle Kräfte der Straßburger Seelen erworben hatte — daß so manche wundersame Dinge, mit gleicher Zuversichtlichkeit von allen Seiten, und mit gleicher Beredtsamkeit an allen Orten, darüber gesprochen und beschworen wurden, daß sie den vollen Strom aller Gespräche und aller Bewundrung auf sich zog. — Jede Seele, Gute und Schlechte — Reiche und Arme — Gelehrte und Ungelehrte — Doktores und Studenten — Frauen und Mägde — Hohe und Niedre — Nonnenfleisch und Frauenfleisch in Straßburg verwendeten ihre Zeit, sich davon vorerzählen zu lassen, — jedes Auge in Straßburg schmachtete, sie zu sehen, — jeder Finger — jeder Daumen in Straßburg juckte, sie zu betasten. [illegible]

Was noch dazu kam, wenn noch Etwas dazu zu kommen brauchte, ein so heftiges

Ver=

Verlangen zu vermehren — war dieses, daß die Schildwache, der säbelbeinige Trommelschläger, der Trompeter, die Trompeters Frau, die Bürgermeisters Wittwe, der Gastwirth, und die Frau des Gastwirths, soweit sie auch in ihren Zeugnissen und Beschreibungen von der Nase des Fremden von einander abgewichen, doch alle in zween Punkten übereinstimmten — nämlich: daß er gen **Frankfurth** gezogen, und erst innerhalb Monatszeit wieder nach **Straßburg** kommen würde; und Zweytens, wäre der Fremde, seine Nase möchte nun ächt oder falsch seyn, an und für sich selbst ein vollkommnes Muster der Schönheit — der schöngebildetste Mann! — der artigste! — der freygebigste mit seinem Beutel! — der höflichste in seinem Betragen, der jemals durch ein Thor in Straßburg gekommen! — da er so mit seinem Säbel auf der Faust hängend, durch die Gassen geritten — mit seinen rothatlassnen Beinkleidern auf dem Paradeplatze spatzieren gegangen — hät's ihm so süß, so sorglos bescheiden, und doch so männlich dabey gelassen — daß, wenn ihm nur nicht die Nase im

Wege

Wege gestanden hätte, das Herz einer jeden Jungfrau, die die Augen auf ihn geworfen, dabey in Gefahr gekommen wäre.

Ich kann nicht verlangen, daß ein Herz, welches das Pochen und Gelüsten einer so gereitzten Neugierde nicht kennt, es rechtfertigen soll, daß die Aebtißinn von Quedlingberg, die Priorinn, die Dechantinn und die Subcantorinn am hellen Mittage nach der Trompeters Frau schickten. Sie durchzog die Gassen von Straßburg mit ihres Mannes Trompete in der Hand; — der beste Apparatus, den ihr die Kürze der Zeit zur Erläuterung ihrer Theorie gestattete — Sie konnte sich nur drey Tage aufhalten!

Die Schildwache, und der säbelbeinige Trommelschläger! — O diesseits des alten Athens konnte ihnen nichts gleich kommen! Sie lasen ihre Kollegia unter den Stadtthoren den ab- und zugehenden Zuhörern mit allem Pomp eines Chrysippus und Crantors in ihren Portico's.

Der

Der Gastwirth, mit seinem Hausknechte zur linken Seite, las die seinigen in eben dem Style — unter dem Portico, oder Thorwege seines Wagenschobers. Seine Frau las privatim in einem Hinterzimmer — alles drängte sich zu ihren Vorlesungen, nicht so aufs Gerathewohl — sondern zu dieser oder jener, wie 's immer geht, je nachdem ihn Zutraun oder Leichtgläubigkeit gängelte, — mit einem Worte, jeder Straßburger stürzte herzu um Unterricht — und jeder Straßburger erhielt den Unterricht, den er suchte.

Es ist werth, zu bemerken, und mag als ein Fingerzeig für alle philosophische Demonstratoren u. s. w. dienen, daß die Trompeters-Frau, sobald als sie mit ihrem Privatißimo mit der Aebtißinn von Quedlingberg zu Ende gekommen war, und mit ihrer öffentlichen Vorlesung begonnen hatte, welche sie auf einem Stuhle mitten auf dem grossen Paradeplatze hielt, den übrigen Demonstratoren dadurch mächtig in den Schnitt kam, daß sie augenblicklich die feinsten Leute der Stadt

Straßburg zum Auditorio erhielt. — Aber freylich, (ruft Slawkenbergius aus,) wenn ein Professor eine Trompete zum Apparatus hat, welch andrer Gelehrte kann dann verlangen, daß man ihn auch hören soll?

Derweile die Ungelehrten geschäftig waren, durch diese Unterrichtsleitungen bis zu der Tiefe des Brunnens zu dringen, woselbst die **Wahrheit** ihren kleinen Hofstaat hält — waren die Gelehrten auf ihre Art eben so emsig darüber her, solche durch die Röhren der dialectischen Induction herauf zu pumpen — um Begebnisse bekümmerten sie sich nichts — sie ketteten Schlüsse an Schlüsse.

Keine von den gelehrten Fakultäten würd' ein helleres Licht über die Materie verbreitet haben, als die medicinische, wenn sie sich bey allem ihren Disputiren darüber nicht ewig bey den Wind- und Wassergeschwulsten aufgehalten hätte, davon sie kein Henker abbringen konnte — des Fremden Nase hatte weder mit Wind- noch Wassergeschwulsten Etwas zu schaffen,

So

So viel wurde indessen zur Gnüge erwiesen, daß eine so schwere Masse heterogener Materie sich nicht sammlen und an die Nase anhäufen können, so lange das Kind in der Bärmutter gelegen, ohne das Gleichgewicht der Lage des Fötus aufzuheben, und ihn neun Monate zu früh, senkrecht auf den Kopf zu stellen.

Die Opponenten räumten die Theorie zwar ein — leugneten aber die Folgerungen.

Und wenn nicht für einen erfoderlichen Vorrath von Venen, Arterien u. s. w. sagten sie, zur nöthigen Nahrung einer solchen Nase, gleich in den ersten Urstoffen und Elementen ihrer Bildung gesorgt worden, ehe sie noch auf die Welt gekommen: so hätte sie (den Fall von Wind- und Wassergeschwulsten ausgenommen,) hernach nicht ordentlich wachsen und genährt werden können.

Dieses ward alles in einer Dissertation widerlegt, die von der Nahrung handelte, und von der Wirkung der Nahrung auf die Aus-

 deh-

dehnung der Gefässe und auf das Wachsthum und die Verlängerung der fleischigten Theile, bis zu ihrem größt möglichsten Wuchse und Ausstreckung. — Man ging in der Freude des Herzens über diese Theorie so weit, zu behaupten, daß in der Natur keine Ursach sey, warum eine Nase nicht bis zu der Grösse eines Menschen selbst hinanwachsen könnte.

Die Respondenten überführten die Welt, dieser Fall könne sich niemals gebühren, so lange der Mensch nur Einen Magen und Ein Paar Lungen hätte. — Denn, sagten sie, da der Magen das einzige Werkzeug sey, das die Speisen zu empfangen und in Nahrungssaft zu verwandeln bestimmt worden — und die Lungen die einzige Maschine, das Blut zu beschaffen — so könnten diese unmöglich mehr bearbeiten, als was ihnen der Appetit zubrächte; oder die Möglichkeit angenommen, daß ein Mensch seinen Magen überlüde — so habe diese Maschine ihre bestimmte Grösse und Kräfte, und könnte also in einer gewissen Zeit nur ein gewisses Maaß bearbeiten — das ist, sie könnte nur eben so viel Blut absonsondern, als für Einen Menschen, und für mehrere nicht, hinreichte; also, wenn eben so viel Nase, als Mensch vorhanden wäre, bewiesen sie, müßte nothwendig eine Ersterbung erfolgen, und deswegen, weil nicht Nahrung genug für beyde wäre, müsse entweder die Nase von dem Menschen abfallen, oder der Mensch unvermeidlicher Weise von seiner Nase.

Die Natur richtet sich nach diesen Bedürfnissen ein, schrien die Opponenten — oder wie würden sie den Fall erklären, da ein ganzer Magen, und ein ganzes Paar Lungen und nur ein halber Mann vorhanden sind, dem unglücklücklicher Weise beyde Lenden abgeschossen worden?

Er stirbt an der Vollblütigkeit, sagten sie — oder er muß Blut speyen, und in etlichen Wochen an der Schwindsucht darauf gehen.

— Es fällt anders aus — erwiederten die Opponenten.

Das sollt' es nicht, sagten sie.

Die genauern und innigern Untersucher der Natur und ihrer Verrichtungen gingen zwar eine gute Strecke Weges ganz einig Hand in Hand fort, allein zuletzt entzweiheten sie sich über die Nase fast eben so sehr, als die medicinische Fakultät selbst.

Sie machten freundschaftlich aus, daß die unterschiedlichen Theile im Bau des menschlichen Körpers ihre richtige geometrische Einrichtung und Verhältniß zu ihren verschiedenen Bestimmungen, Diensten und Verrichtungen, hätten, die sich nur in gewisser Einschränkung überschreiten liessen — daß die Natur wohl zuweilen spiele — aber immer nur in einem gewissen Zirkel spielte — und wie weit oder eng dieser Zirkel — ja, da lag der Zankapfel!

Die Logiker blieben über die vorhabende Sache viel besser bey der Klinge, als irgend eine andre Klasse der Litterati. — Das Wort Nase war ihr erstes und letztes Wort; es lag nur an einer kleinen *petitio principii*, wider die einer der geschicktesten Streiter im Anfange des Gefechts mit dem Kopfe rannte, sonst wäre die ganze streitige Frage auf einmal abgethan worden.

Eine Nase, fing der Logiker an, kann nicht bluten, ohne Blut — und nicht nur Blut — sondern circulirendes Blut, zu haben, um dieß Phänomenon der Succeßion der Tropfen zu bewirken — (ein Strom ist bloß eine schnellere Succeßion von Tropfen, und also mit darunter verstanden, sagt' er) — Nun aber, fuhr der Logiker fort, da der Tod nichts anders ist, als die Stockung des Bluts —

Die Definition ist falsch — Tod heißt die Scheidung der Seele vom Leibe, sagte sein Gegner. — Wir haben uns also über unsre Waffen noch nicht verglichen, sagte der Logiker — So hat also unsre Disputation ein Ende, erwiederte der Gegner.

Die Rechtslehrer waren noch entscheidender; — was sie darüber sagten, klang mehr wie ein rechtliches Gutachten, denn wie eine Disputation.

 — Solch

— Solch eine ungeheure Nase, sagten sie, könnte, wofern sie ächt gewesen, unmöglich in der bürgerlichen Gesellschaft geduldet worden seyn. Wofern aber falsch; — so wäre es eine noch grössre Beleidigung und Kränkung der Rechte dieser Gesellschaft, daß man sie durch falsche Zeichen und Merkmale hinters Licht führen wolle; welches eine noch schärfere Ahndung verdiene.

Die einzige Einwendung hiergegen war, daß, wenn es ja Etwas bewiese, so bewiese es, daß die Nase des Fremden weder ächt noch falsch sey.

Dieß ließ fein viel Raum, daß der Streit weiter gehn konnte. Die Advokaten beym Consistorio behaupteten, das geistliche Gericht sey berechtigt, in der Sache zu dekretiren, weil der Fremde *ex mero motu* bekannt habe, daß er nach dem Vorgebirge der Nasen gewesen wäre, und sich eine der tüchtigsten daher geholt habe, u. s. w. Darauf ward replicirt: es gäbe unmöglich einen solchen Ort, als das Vorgebirge der Nasen, und die Gelehrten wüßten nicht, wo er läge. Der Commissarius des Bischofs von Straßburg band mit den Advokaten an, erklärte diese Sache in einer Abhandlung von Sprichwörtlichen Redensarten, und wies ihnen, daß das Vorgebirge der Nasen blos ein allegorischer Ausdruck sey, der nichts weiter sagen wollte, als die Natur hab' ihm eine lange Nase gegeben. Zum Beweise dieses Satzes citirte er die hierunten angeführten Autoritäten, (*) welche den Streit ohn Bedenken entschieden haben würden, wäre es nicht heraus gekommen, daß ein Rechtshandel über einige Freyheiten der Capitelländereyen, vor neunzehn Jahren schon, darnach entschieden geworden.

(*) Non nulli ex nostratibus eadem loquendi formulâ utun. Quinimo et Logistæ & Canonistæ — Vid. Parce Bar e Jas in d. L. Provincial. Constitut. de conjec. vid. Vol. Lib. 4. Titul. 1. N. 7. quâ etiam in re conspir. Om. de Promontorio Nas. Tichmak. ff. d. tit. 3. fol. 189. passim. Vid. Glos. de contrahend. empt. &c. nec non J. Scrudr. in cap. §. refut. ff. per totum. cum his cons. Rever. J. Tubal, Sentent. & Prov. Cap. 9. ff. 11.

Es trug sich — unglücklicher Weise für die Wahrheit darf ich wohl nicht sagen, denn dieser ward dadurch von ihnen auf einer andern Seite unter die Arme gegriffen — es trug sich eben zu, daß die zwey Universitäten von Straßburg — die Lutherische, gestiftet im Jahr 1538 von Jacobus Sturmius, Herrn des Raths, und die catholische, von Leopold, Erzherzog von Oesterreich — diese ganze Zeit über die völlige Tiefe ihrer Wissenschaften (so viel davon ausgenommen, als zu der Sache der Hemdschlitzen der Aebtißinn von Quedlingberg erfoderlich war) dazu brauchten, den Punkt der Verdammung Martin Luthers auszumachen.

Die

ff. 11, 12. obiter. V. & Librum, cui Tit. de Terris & Phraſ. Belg. ad finem, cum. Comment. N. Bardy Belg. Vid. Scrip. Argentotarenſ. de Antiq. Ecc. in Epiſc. Archiv. fid. coll. per Von Jacobum Koinſhoven. Folio. Argent. 1583, præcip. ad finem. Quibus add. Rebuff in L. obvenire de Signif. Nom. ff. ſol. & de Jure Gent. & Civil. de protib. aliena feud. per federa, teſt. Joha. Luxius in prolegom. quem velim videas, de Analy. Cap. 1, 2, 3. Vid. Idea.

Die papistischen Doktoren hatten es unternommen, à priori zu beweisen, daß er, wegen des nothwendigen Einflusses der Planeten, am zwey und zwanzigsten Tage Octobers 1483 — da der Mond im zwölften Hause stund — Jupiter, Mars und Venus im Dritten, die Sonne, Saturn und Merkur, alle im Vierten zusammen kamen — daß er Dem zufolge und unvermeidlich ein Verdammter seyn müsse — und daß seine Lehrsätze, nach einem schnurgraden Ergo, ebenfalls verdammte Lehrsätze seyn müßten.

Bey genauer Beleuchtung seiner Geburtsstunde, wo fünf Planeten auf Einmal sich mit dem Scorpion (*) begingen; (mein Vater

(*) Haec mira; satisque horrenda. Planetarum coitio sub Scarpio Asterismo in nonâ coeli statione, quam Arabes religioni deputabant, efficit *Martinum Lutherum* sacrilegum hereticum. christianae religionis hostem acerrimum atque prophanum, ex horoscopi directione ad Martis coitum, religiosissimus obiit, ejus Anima scelestissima ad infernos navigavit — ab Alecto, Tisiphone et Mægera flagellis igneis cruciata pereuniter.

— Lu-

Vater pflegte allemal den Kopf zu schütteln, wenn er dieß las) und zwar im neunten Hause, welches die **Araber** der Religion geben — erhellete es — daß **Martin Luther** sich nicht einen Pfifferling um den ganzen Handel bekümmerte — und aus dem, nach der Conjunction des Mars sich neigenden Horoscop, zeigten sie gleichfalls klärlich, er mußte unter Fluchen und Gotteslästerungen sterben — mit solchen Brandmahlen an der Stirne mußte seine in Sündenschlamm getauchte Seele, mit vollem Winde hinab in den See des höllischen Feuers fahren.

Das Wenige, was die lutherischen Doktoren dagegen vorbrachten, war, es müsse ganz gewiß die Seele eines andern am 22sten October, Anno 1483 gebohrnen Mannes seyn, welche gezwungen worden, so, mit vollem Winde, hinabzusegeln — indem aus dem Kirchenregister zu **Eisleben**, in der Grafschaft

— Lucas Gauricus in Tractatu astrologico de praeteritis multorum hominum accidentibus per genituras examinatis.

schaft Mannsfeld, ersichtlich sey, daß Martin Luther nicht 1483 sondern 84 gebohren, und nicht den 22sten October, sondern den 10ten November, den Abend vor Martinstage, davon ihm der Name Martin gegeben worden.

[— Ich muß hier meine Uebersetzung auf einen Augenblick bey Seite legen; thät ichs nicht, so seh' ich schon, ich würde eben so wenig im Bette ein Auge schliessen, als die Aebtißinn von Quedlingberg — ich thu' es, um dem Leser zu sagen, daß mein Vater diese Stelle aus Slawkenbergius meinem Oncle Toby niemals anders vorlas, als mit Triumph — nicht über meinen Oncle Toby, denn der widersprach ihm niemals — sondern über die ganze Welt.

— Siehst Du nun wohl, Bruder Toby, pflegte er zu sagen, wenn er aufsah, „daß „es mit den Taufnamen nur nicht so gleich„viel ist;„ hätte hier Luther nicht Martin geheissen, so hätt' er ewig verdammt werden können. — Ich will eben nicht sagen,

gen, fügt' er hinzu, daß ich Martin für einen guten Namen halte, — ganz und gar nicht — er ist ein wenig besser, als ein neutraler, — und auch nur ein wenig — aber, so wenig es auch ist, so siehst Du doch, kann er ihm einigermaassen zu statten.

Mein Vater wußte so gut, als es ihm der beste Logiker hätte zeigen können, daß diese Stiefel seiner Hypothesis sehr schwach war. — Aber so sonderbar sind zugleich die menschlichen Schwachheiten! er meynte, er müßte sie dabeystecken, als sie ihm unter die Hand gekommen war; und es war gewiß aus dieser Ursach, daß, obgleich in Hafen Slawkenbergius Decaden manche Historien befindlich, die eben so angenehm sind, dennoch mein Vater keine einzige darunter mit halb so viel Vergnügen las, als diese, die ich hier übersetze. — Zwey seiner sonderbarsten Systeme wurden dadurch zugleich begünstigt — sein Namen- und Nasensystem. Ich getraue mir zu sagen, er hätte alle Bücher der alexandrinischen Bibliothek durchlesen können, wenn es das Schicksal nicht anders damit

mit gefügt hätte, und hätte doch kein Buch, oder keine Stelle in einem Buche gefunden, die zwey solche Nägel mit einem Schlage auf den Kopf getroffen hätte.]

Die beyden Universitäten zu Straßburg rieben sich weidlich über Luthers Schiffarth. Die protestantischen Doktoren hatten demonstrirt, daß er nicht gerade vor vollem Winde gesegelt, wie die papistischen Doktoren vorgåben, und da jedermann wußte, daß man nicht graden Strichs mit vollem Winde segeln kann — so wollten sie ausmachen, im Fall er gesegelt, wie viel Striche er gehalten habe; ob Martin dem Vorgebirge vorbeygesegelt, oder an eine Küste unter Winde Anker geworfen; und da es eine sehr erbauliche Untersuchung wenigstens für diejenigen war, die diese Art von Schiffarth verstunden, so würden sie zweifelsohne darinn fortgefahren seyn, trotz der Nase des Fremden, hätte nicht die Grösse dieser Nase des Fremden die Aufmerksamkeit der Welt von ihnen abgezogen — welcher zu folgen ihr Gewerbe war.

Die

Die Aebtißinn von Quedlingberg, und ihre vier Großcapitularen, hielten sie nicht ab. — Denn da denen die ungeheure Grösse der Nase des Fremden eben so sehr in der Einbildung herumschwebte, als ihre Gewissensfrage — so ward die Sache mit den Hemdschlitzen laulicher betrieben — Kurz, die Buchdruckergesellen erhielten Befehl, nur wieder abzulegen, was sie gesetzt hätten — das Disputiren unterblieb.

Es stand darauf ein viereckte Barett mit einem seidenen Quaste oben darauf — gegen eine Nußschaale — wers errathen würde, an welcher Seite der Nase die Spaltung der Universitäten losbrechen würde.

Es ist über der Vernunft, sagten die Doktoren an einer Seite.

Es ist unter der Vernunft, schrien die andern.

Es ist ein Glaubenspunkt, schrie der Eine.

Ein alter Fidelbogen mags seyn, sagte der Andre.

'S ist

'S ist möglich, schrie der Eine.

'S ist unmöglich, sagte der Andre.

Gottes Macht hat keine Gränzen, schrien die Nasianer, Er kann alles.

Er kann nichts, erwiederten die Antinasianer, was einen Widerspruch enthält.

Er kann machen, daß Materie denke, sagten die Nasianer.

Eben so gut, als Ihr ein seidnes Barett aus einem Sauohr machen könnt, versetzten die Antinasianer.

Er kann aus zweymal Zwey Fünfe machen, erwiederten die catholischen Doktoren. — Das ist falsch, sagten ihre Opponenten.

Unendliche Macht ist unendliche Macht, sagten die Doktoren, welche die Realität der Nase behaupteten. — Sie erstreckt sich bloß auf alle möglichen Dinge, versetzten die Lutheraner.

Bey Gott im Himmel, schrieen die papistischen Doktoren, er kann, wenn es sein Wille ist, eine Nase erschaffen, die so groß ist, als der Thurm des Straßburger Münster.

Nun ist der Münsterthurm zu Straßburg einer der dicksten und längsten Kirchthürme, die man in der ganzen Welt sehen kann, und also läugneten die Antinasianer, daß ein Mann eine Nase von einer Länge von 575 Fuß rheinländisch tragen könnte; ein Mann von mittler Grösse wenigstens nicht. — Die Papisten schwuren, es ginge an. — Die Lutheraner sagten, nein! 's ginge nicht!

Dieß brachte auf einmal einen neuen Streit auf die Bahn, über den Umfang und die Grenzen der moralischen und natürlichen Eigenschaften Gottes, welchen sie einen ziemlichen Weg fortsetzten. — Diese Controvers leitete sie natürlicher Weise zum Thomas Aquinas, und Thomas Aquinas nach dem See, wohin Luther geschifft seyn sollte.

Der Nase des Fremden ward beym Disputiren nicht mehr gedacht. — Sie hatten solche gebräucht, als ein Fregatschiff, um damit auf das unergründliche Meer der scholastischen Theologie zu schiffen — und nun segelten sie lustig vorm Winde los.

Hitze und Mangel an wahrer Gelehrsamkeit stehn immer im Verhältniß.

Der Streit über die Eigenschaften u. s. w. anstatt die Imagination der Straßburger abzukühlen, hatte solche vielmehr bis zu einem sehr ausserordentlich hohen Grade entflammt. — Je weniger sie von der Sache verstunden, je höher stieg darüber ihre Verwunderung. — Man läßt sie in der harten Presse des unbefriedigten Verlangens stecken. Sie sahen ihre Doktoren, die Pergamentaner, die Messingianer, die Harzianer einer Seits — die catholischen Doktoren an der andern, gleich dem Pantagruel mit seinen Gefährten, auf der Fahrt nach der *Dive Bouteille Bacbuc* (*) eingeschifft und ihnen aus dem Gesichte gesegelt. — Die armen Straßburger hatten am Ufer das Nachsehn! — Was war dabey

 zu

(*) Vid. Rabelais, Liv. IV. Chap. 1. &c. &c.

zu thun? — Kein Säumen! — der Aufruhr nahm zu — Kein Mensch war an seiner Stelle — die Stadtthore sperrweit offen.

Unglückselige Straßburger! War wohl im Zeughause der Natur, — in den Polterkammern der Gelehrsamkeit, — im grossen Magazine des Zufalls eine einzige Maschine, der Neugierde Daumschrauben zu setzen, und die Begierden aus einander zu renken, die des Schicksals Hand nicht hervornahm, um solche bey Euren Herzen anzubringen? — Ich tunke meine Feder nicht ins Dintenfaß, um es zu entschuldigen, daß Ihr Eure Stadt einnehmen liesset. — Nein, Eure Lobrede zu schreiben. Zeigt mir eine, von Erwartung so abgemergelte Stadt — wo man ganzer sieben und zwanzig Tage lang weder aß noch trank, noch schlief, noch betete, noch auf die Triebe, so wenig der Religion als der Natur, achtete — die sich nur einen Tag länger hätte halten können.

Auf den Acht und zwanzigsten hatte der liebe Fremde versprochen, wieder nach Straßburg zu kommen.

Sieben Tausend Kutschen (Slawkenbergius muß gewiß einen Irrthum mit seinen Zahlzeichen begangen haben) 7000 Kutschen — 15000 einspännige Chaisen — 20000 Wagen, so voll als möglich gepfropft von Burgermeistern, Rathsherrn, Syndiks — Beguinen, Witwen, Weibern, Jungfern, Domherrn, Haushälterinnen, alle in ihren Kutschen — die Aebtißinn von Quedlingberg, mit der Priörinn, der Dechantin, der Subcantorin, welche die Proceßion in Einer Kutsche aufführten, und der Decanus von Straßburg mit seinen vier Großcapitularen, zu ihrer linken Seite — die übrigen folgten wie Kraut und Rüben durch einander, so gut sie konnten; — einige zu Pferde — einige zu Fuß — zu Wagen — zu Karren — einige den Rhein herunter — einige diesen Weg — einige jenen. — Alle bey Sonnenaufgang ausgerciset, um den lieben Fremden einzuholen.

Laßt uns nunmehr zu der Catastrophe meiner Erzählung eilen — ich sage Catastrophe, (ruft Slawkenbergius,) um so mehr,

mehr, da eine Erzählung, mit richtig geordneten Theilen, nicht allein der Catastrophe und Peripeitia eines Drama sich zu erfreuen (gaudere) hat, sondern auch von allen den wesentlichen Theilen desselben ihr Frommen zieht. — Sie hat ihre *Protasis*, *Epistasis*, *Catastasis*, ihre Catastrophe oder *Peripeitia*, die eine aus der andern hervorwachsen, so wie Aristoteles solche zuerst gepflanzet hat. — Ohne welche eine Erzählung eben so lieb nicht erzählt werden sollte, (sagt Slawkenbergius,) und sie ein Mann nur für sich behalten könnte.

In allen meinen zehn Erzählungen, in jeder meiner zehn Decaden, hab' ich, Slawkenbergius, jede Erzählung eben so fest an diese Regel gebunden, als diese hier, von dem Fremden und seiner Nase.

— Von seiner ersten Unterredung mit der Schildwache an, bis dahin, daß er die Stadt Straßburg, nachdem er die rothatlassenen Beinkleider abgezogen, verläßt, geht die Protasis oder erste Einleitung, — worinn die Cha=

Charaktere der handelnden Personen nur eben angelegt werden, und die Handlung nach und nach beginnt.

Die Epitasis, wo sich die Handlung immer mehr aus einander legt, und schneller fort schreitet, bis sie zu ihrer vollen Höhe, Catastasis genannt, kommt, und welche gewöhnlich den 2ten und 3ten Akt einnimmt, ist in den geschäftigen Perioden meiner Erzählung, zwischen dem Aufruhr der ersten Nacht wegen der Nase des Fremden, bis zum Schlusse der Vorlesungen der Trompeters Frau, mitten auf dem grossen Paradeplatze, und von der ersten Einschiffung der Gelehrten in die Disputationsfahrt, bis sie endlich davon segelten — und die Stelle, da die **Straßburger** am Ufer in der Noth stecken blieben, ist die *Catastasis* oder das Reifen der Glückswechsel und Leidenschaften, welche in dem fünften Akt ausbrechen sollen.

Dieser fängt sich mit der getümmelvollen Reise der **Straßburger** auf dem Wege nach **Frankfurth** an, und endigt sich mit

 der

der Aufwicklung des labyrinthischen Fadens und damit, daß der Held aus einem Zustande des Leidens (wie Aristoteles es nennt) in einen Zustand der Ruhe und Stille versetzt wird.

Dieses, sagt Hafen Slawkenbergius, macht die *Catastrophe* oder *Peripeitia* meiner Erzählung aus, — und das ist derjenige Theil derselben, den ich noch nachzuholen habe.

Wir haben den Fremden hinter dem Vorhange gelassen, er war eingeschlafen. Er tritt wieder auf.

Wobor spitzest du die Ohren? — 'S ist nur ein Mensch zu Pferde — war das letzte Wort, was der Fremde zu seinem Maulthier sagte. Es war damals noch nicht schicklich, dem Leser zu sagen, daß das Thier seines Herrn Worten völligen Glauben zustellte; und ohne weitere Obs oder Wenns den Reisenden und sein Pferd vorüber gehen ließ.

Der

Der Reisende eilte mit aller Macht, noch den Abend Straßburg zu erreichen. — Bin ich nicht recht thöricht, sagte der Reisende bey sich selbst, als er ungefähr eine Meile weiter geritten war, daß ichs mir in den Kopf setzen kann, noch heute Abend in Straßburg zu kommen! — Straßburg! — das grosse Straßburg! — Straßburg die Hauptstadt vom ganzen Elsaß. — Straßburg eine kayserliche freye Reichsstadt! — Straßburg, eine souveraine Republik! — Straßburg, mit Fünftausend der besten Truppen in der Welt zur Besatzung! — Ach ja! wenn ich auch diesen Augenblick vor dem Thore von Straßburg hielte, liessen sie mich doch nicht hinein, und gäb' ich auch einen Ducaten — und noch einen halben Ducaten dazu. — Das ist zu viel! — Besser ists, ich kehre nach dem letzten Wirthshause um, wo ich vorbey geritten bin — als, ich weiß nicht wo zu liegen, oder, ich weiß nicht wie viel zu bezahlen. Der Reisende, so, wie er diese Betrachtungen in seinem Sinne anstellte, wandte sein Pferd mit dem Kopfe herum, und drey Minuten später, als der

Fremde nach seiner Schlafkammer gebracht worden, langte er in eben der Herberge an.

— Schinken haben wir im Hause, sagte der Wirth, und Brodt auch. — Wir hatten auch bis Elf Uhr heute Abend noch drey Eyer — die hat sich aber ein Fremder in ein Rühr-Ey schlagen lassen, der vor einer Stunde angekommen ist, und nun haben wir nichts —

Ach! sagte der Reisende, ich bin so herzlich müde, daß ich nichts brauche, als ein Bette. — Ich hab eins, das ist so weich, als eines in ganz Elsaß, sagte der Wirth.

— Der Fremde, fuhr er fort, sollte darinn geschlafen haben, denn 's ist mein bestes Bette, seine Nase aber — Hat er etwann einen Flußschnuppen? — Nicht, daß ich wüßte, sagte der Wirth — 'S ist aber ein Feldbette, und Hyacinte sagt, sagt er, und sah die Magd an, meynte, es wäre nicht groß genug, daß er seine Nase drinn kehren und wenden könnte — Wie so? schrie der Reisende und stutzte zurücke. — So lang ist die Nase, versetzte der Wirth. — Der

Rei-

Reisende heftete seine Augen auf Hyacinte, hernach auf die Erde — kniete auf sein rechtes Knie — hatte eben die Hand auf seine Brust gebracht. — Spiele nicht mit meinem Kummer, sagte er, und stund wieder auf. Was zu spielen da, sagte Hyacinte! 'S ist wohl die prächtigste Nase, die ich gesehn! — Der Reisende fiel abermal auf seine Knie — legte seine Hand auf die Brust, und sagte drauf mit in die Höhe gerichteten Augen: Du hast mich das Ende meiner Wallfahrt finden lassen — 'S ist Diego!

Der Reisende war der Bruder der Julia, die der Fremde oft mit einem Stoßseufzer anredte, den Abend als er auf seinem Maulthiere aus Straßburg ritt; und er war von ihr abgeschickt, um ihn aufzusuchen. Er hatte seine Schwester von Valadolid über die pyrenäischen Gebirge nach Frankreich begleitet, und hatte, bey seinem Nachforschen durch die häufigen Krümmungen und Wendungen des dornichten Pfades eines Liebhabers, ein manches ehrliches verworrnes Bind Zwirn abzuwickeln gefunden.

— Juliens Kräfte konnten es nicht aus- halten — Sie konnte keinen Schritt weiter kommen, als bis Lyon, woselbst sie von dem häufigen Kummer eines zärtlichen Herzens — wovon alle sprechen, — den wenige fühlen — krank ward, noch aber gerade so viel Kräfte übrig hatte, an Diego einen Brief zu schreiben, und nachdem sie ihren Bruder beschworen, ihr nicht wieder vors Gesicht zu kommen, bis er ihn aufgefunden, und ihm den Brief in die Hand gegeben hätte, legte sich Julia krank zu Bette.

Fernandez (denn das war ihres Bruders Name) konnte, obgleich das Feldbette so weich war, als eins in Elsaß, dennoch kein Auge darinn zuthun. — Er stund auf, sobald der Tag anbrach, und nachdem er vernommen, daß Diego gleichfals aufgestanden, ging er zu ihm in die Kammer, und richtete seiner Schwester Auftrag aus.

Der Brief lautete, wie folget:

Señor Diego!

„Ob ich meinen Verdacht über Ihre Nase „mit Recht faßte, oder nicht — ist itzt nicht

„Zeit

„Zeit zu untersuchen — genug, ich hatte „nicht Standhaftigkeit genug, es weiter zu „prüfen.

„Wie wenig kannt' ich mich selbst, als „ich meine Dueña sandte, Ihnen zu ver„bieten, weiter unter mein Gitterfenster zu „kommen! und Sie, Diego, dacht' ich bes„ser zu kennen, um glauben zu müssen, Sie „wollten nicht einmal Einen Tag in Valadolid „bleiben, um meine Zweifel zu heben! Muß„ten Sie mich verlassen, Diego, weil ich „hintergangen war? oder war es artig, mich „beym Worte zu fassen, der Verdacht moch„te gerecht seyn, oder nicht? und mich, wie „Sie thaten, solchen Ungewißheiten und „Sorgen zu übergeben?

„Wie sehr dieß Julien empfindlich gefallen „— das wird Ihnen mein Bruder, wenn er „Ihnen diesen Brief überreicht, erzählen. „Er wird Ihnen sagen, in wie wenig Augen„blicken sie die rasche Bothschaft reuete, die „sie Ihnen geschickt hatte, — in was für „stürmender Eile sie zu ihrem Gitterfenster

„flog,

„flog, und wie manche liebe Tage und Näch-
„te sie unbeweglich auf ihrem Ellbogen gele-
„gen, und nach dem Wege hin hindurch ge-
„sehn hat, den Diego zu kommen pflegte.

„Er wird Ihnen sagen, wie, als sie Ih-
„re Abreise vernahm, ihre Lebensgeister sie
„verliessen — wie ihr Herz erkrankte — wie
„jämmerlich sie klagte — wie tief sie ihren
„Kopf hängen ließ! O Diego! welchen man-
„chen sauren Schritt hat mich das Mitleid
„meines Bruders an der Hand geleitet, da
„ich schmachtete, die Ihrigen auszuspähen!
„Wie weit über meine Kräfte hinaus hat mein
„Verlangen mich getrieben — und wie oft
„bin ich auf dem Wege entkräftet in seine
„Arme gesunken, wenn ich nur noch eben
„genug Kraft hatte zu seufzen — O mein
„Diego!

„Wenn Ihr Herz eben so redlich ist, als Ihr
„Betragen artig war, so werden Sie eben so
„schnell zu mir fliegen, als Sie von mir
„flohen. — Aber eilen Sie nur, Sie werden
„doch nur kommen, mich verscheiden zu se-

„hen. —

„hen. — Es ist ein bittrer Kelch, Diego,
„aber er wird noch bittrer dadurch, daß ich
„un — —„

Weiter konnte sie nicht schreiben.

Slawkenbergius nimmt an, das abgebrochne Wort wäre unüberzeugt sterben soll gewesen, daß sie aber nicht Kräfte genug gehabt, den Brief zu vollenden.

Das Herz des liebreichen Diego floß über, wie er den Brief las — er befahl den Augenblick, sein Thier und Ferdenandez Pferd zu satteln; und weil in solchen Wehen Klagen in Prosa nicht halb so gut lindern, als Klagen in Reimen — und der Zufall, der eben so oft auf ein physisches Heilmittel führt — eine Holzkohle in die Fensterbank geworfen hatte, — so machte sich Diego dessen zu Nutze, und derweile der Hausknecht sein Thier anschirrte, erleichterte er sein Herz an der Wand in folgender

Ode.

Ode.

Hart ist und steif der Sang der Minne
Wenn Jul'a nicht die Tonart 'rweicht
Nur ihre Hand b'rührt — Lust der Sinne!
Wohin niemals ein Künstler reicht: —
Den schönsten al-
Ler süssen Töne,
Dessen sympatet'scher Schall
Unumschränkt die Welt beherrscht mit seiner
Schöne!

2

O Julia!

Die Verse waren sehr fliessend und natürlich — denn sie paßten in der Welt auf Nichts, sagt Slawkenbergius, und es ist Jammer und Schade, daß nicht mehr davon waren. Aber lag es daran, daß Señor Diego langsam im Versemachen war, — oder der Hausknecht geschwind im Satteln des Thiers, das ist nicht ausgemacht; so viel war gewiß, daß Diegos Maulthier

und

und Ferdandezens Pferd schon vor der Thüre parat stunden, eh' Diego seine zwote Strophe fertig hatte, so nach, ohne sich dabey aufzuhalten, seine Ode zu vollenden, sassen sie beyde auf, ritten fort, setzten über den Rhein, gingen durch den Elsaß, richteten ihren Weg gen Lyon, und noch eher die Straßburger und die Aebtißinn von Quedlingberg ihren Zug angetreten hatten, waren Ferdandez, Diego und seine Julia über alle pyrenäischen Gebirge, und glücklich in Valadolid angelangt.

Es brauchts nicht, dem geographischen Leser zu berichten, daß es unmöglich war, den lieben Fremden auf der Frankfurther Heerstrasse einzuholen, da Diego sich schon in Spanien befand. Es ist genug zu sagen, daß unter allen unruhigen Begierden, Neugierde die stärkste ist, und also die Straßburger ihre ganze Stärke empfanden; und daß sie sich drey Tag' und drey Nächte auf der Frankfurther Heerstrasse in der stürmenden Wuth dieser Leidenschaft zusammen rumpeln liessen, ehe sie sich darein ergeben konn-

ten, wieder heim zu kehren. — Da dann leider ein Begegniß für sie bereitet war, das unter allen das schlimmste Uebel war, das einem freyen Volke überkommen konnte.

Da von dieser Revolution in der Straßburger Geschichte oft gesprochen, aber wenig verstanden wird; so will ich in zehn Worten, sagt **Slawkenbergius**, den Schlüssel dazu geben, und damit meiner Erzählung ein Ende machen.

Jedermann weiß von dem grossen System einer Universal-Monarchie, welches auf Veranlassung des *Monſ. Colbert* entworfen und in einer Handschrift, im Jahr 1664, **Ludewig dem Vierzehnten** überreicht wurde.

Eben so bekannt ist es, daß einer unter den manchen Punkten dieses Systems der war, sich Meister von **Straßburg** zu machen, um jederzeit einen offnen Eingang in Schwaben zu haben, wenn man die Ruhe des deutschen Reichs stören wollte — und

daß,

daß, zufolge dieses Plans, Straßburg endlich unglücklicher Weise in französische Hände fiel.

Es ist nun einmal das Schicksal, daß nur sehr wenige Menschen den wahren Quellen dieser und ähnlicher Revolutionen nachspüren. — Der grosse Haufen sucht sie zu sehr in der Höhe — der Staatsmann in der Tiefe — die Wahrheit (ein- für allemal) liegt in der Mitte.

Welch eine mißliche Sache ist es um den Uebermuth des Volks einer freyen Stadt, ruft ein Geschichtschreiber aus. — Die Straßburger hielten es für einen Eingriff in ihre Freyheit, eine kayserliche Besatzung einzunehmen — und darüber wurden sie einer französischen zur Beute.

Das Schicksal der Straßburger, sagt ein Andrer, mag allen freyen Staaten zur Warnung dienen, ihr Geld zu sparen. — Sie wirthschafteten nicht mit ihren Einkünften — mußten sich starke Taxen auflegen lassen, erschöpften ihre Kräfte, und wurden am Ende ein so schwaches Volk, daß sie nicht Stärke genug behielten, ihre Thore fest zu zuhalten, und also sprengten die Franzosen sie auf.

Ach! ach! ruft Slawkenbergius, es waren nicht die Franzosen — Neugierde wars, die solche aufsprengte. Die Franzosen — freylich, welche beständig auf der Laure stehen, als sie sahen, daß die Straßburger, Männer, Weiber und Kinder alle ausgezogen waren, um des Fremden Nase nachzugehn, folgten sie ein jeder der seinigen nach, und zogen hinein.

Handel und Manufacturen sind seitdem immer mehr und mehr in Verfall gerathen, — aber aus keiner von allen den Ursachen, welche commercirende Köpfe angegeben haben; denn es liegt bloß daran, daß ihnen die Nasen beständig dergestallt im Kopfe herumgegangen sind, daß die Straßburger ihre Geschäfte darüber versäumet haben.

Ach! ach! sagt Slawkenbergius, mit einer Ausrufung — es ist nicht die Erste, —

ste, — und ich besorge, es wird nicht die letzte Festung seyn, — die durch Nasen verlohren — oder gewonnen ist.

Ende der Erzählung
von Slawkenbergius.

Erstes Kapitel.

Mit aller dieser Gelehrsamkeit über Nasen, welche unaufhörlich in meines Vaters Phantasie zu Kehre ging — Mit so manchen Familien Vorurtheilen — und Zehn Decaden solcher Erzählungen, welche sich immer daranschlossen, — wie war es möglich, bey so ausserordentlich — wars eine ächte Nase? — daß ein Mann, bey so ausserordentlich heftigem Gefühle, als mein Vater hatte, den Stoß im untersten Stockwerke — nun, oder auch im obersten — in irgend einer andern Stellung aushalten konnte, als gerade in der Stellung, die ich beschrieben habe.

— Werfen Sie sich nur so ein Dutzendmal aufs Bette — nur nehmen Sie hübsch

 erst

erst einen Spiegel, und stellen den auf einen danebenstehenden Stuhl, ehe Sie's thun — Aber, war die Nase des Fremden eine ächte Nase — oder wars eine falsche?

Ihnen das vorher zu sagen, Madame, hiesse eine der besten Erzählungen in der Christlichen Welt verschimpfen; und das ist die Zehnte in der zehnten Decade, die unmittelbar auf diese hier folgt.

Diese Erzählung, ruft Slawkenbergius mit einiger Selbstgenügsamkeit aus, ist von mir zur Schlußerzählung meines ganzen Werkes aufgesparet worden; weil ich gar wohl einsehe, daß, wenn ich sie werde erzählt, und meine Leser sie durchgelesen haben — es für uns beyde hohe Zeit seyn wird, das Buch zu zu machen; um so mehr, fährt **Slawkenbergius** fort, da ich von keiner andern Erzählung glauben kann, daß sie nur einigermaassen auf diese noch schmecken könnte.

— Ich meyne, es sey eine Erzählung!

Sie

Sie fängt mit der ersten Zusammenkunft im Gasthofe zu Lyon an, als Fernandez den lieben Fremden und seine Schwester Julia in ihrer Kammer alleine bey einander läßt, und hat zur Ueberschrift:

Diego's und Juliens
Verwickelung.

Wahrhaftig! Slawkenbergius, Du bist ein seltsamer Kautz! was für eine kunterbunte Aussicht in das weibliche Herz hast Du hier geöfnet! Wie das übersetzt werden kann! — und doch, wofern dieses Pröbchen von den Erzählungen des **Slawkenbergius**, und der Vortreflichkeit seiner Moral, der Welt gefallen sollte — übersetzt müssen ein Paar Bände werden! Obwohl ich noch auf keine Art und Weise begreife, wie diese in unsre Sprache zu übertragen möglich seyn wird. — Bey einigen Stellen scheint ein sechster Sinn erforderlich zu seyn, um es zu können. — Was mag er mit seinen süssen, schmachtenden, leisen, fünf Noten tiefer als der gewöhnliche Ton liegenden, geschwätzigen Aeugeln haben

 wol=

wollen? — Das ist ja, wie Sie wissen, Madame, wenig mehr, als ein leises Murmeln? Den Augenblick, da ich die Worte aussprach, fühlte ich so Etwas, daraus eine Schwingung der harmonischen Saiten, in der Gegend des Herzens hätte werden können. — Das Gehirn wollte nichts an sich kommen lassen. — Es lebt nicht allemal mit dem Herzen in gutem Vernehmen. — Ich fühlte, als ob ichs verstanden hätte — Ich dachte nichts dabey. — Die Bewegung konnte nicht ohne ihre Ursach entstehn — Ich bin verlohren, — ich kann mich nicht d'raus finden — Wo nicht, mit Ew. Wohlgebohrnen Genehmhaltung, die Stimme, die in dem Falle wenig mehr ist, als ein leises Murmeln, die Augen nothwendiger Weise zwingt, sich nicht nur einander bis auf sechs Zoll zu nähern, — sondern in den Augapfel hineinzusehn. — Ist das nicht gefährlich? — Aber es läßt sich nicht ändern — denn, dabey nach dem Himmel sehn — so stossen die beyden Kinne an einander — und niederwärts, einer in des andern Schooß sehn, da klappen die Stirnen an einander, welches auf einmal der Conferenz ein Ende

macht —

macht — dem empfindsamlichen Theil davon, meyn' ich. — Das Uebrige, Madame, ist nicht der Mühe werth, sich dabey aufzuhalten.

Zweytes Kapitel.

Mein Vater lag ausgestreckt über dem Bette volle anderthalb Stunden so still, als ob die Hand des Todes ihn niedergeschleudert hätte, eh' er mit dem Zehe des Fusses, der über der Bettkante hing, auf der Erde anfing zu spielen. Meines Oncle Tobys Herz fand sich dadurch um ein Pfund leichter. Wenige Augenblicke nachher bekam auch seine linke Hand, womit er beständig auf den Henkel des Kammertopfs gelegen hatte, wieder ihr Gefühl. Er schob ihn ein wenig weiter hinter das Fallblatt, — nachdem das geschehen, zog er die Hand herauf nach seinem Busen — stieß ein Hm! aus. — Mein guter Oncle Toby beantwortete es mit unendlichem Vergnügen, und hätte herzlich gerne einen Trostspruch in die Spalte geimpft, die es machte; da er aber, wie schon gesagt, hierinn

hierinn keine vorzügliche Gabe hatte, und überdem noch besorgte, es möchte ihm etwas entfahren, welches das Uebel nur ärger machte: so begnügte er sich damit, daß er mit seinem Kinne ganz gelassen auf seinem Krückhaken liegen blieb.

Ob nun die Kompreßion meines Oncle Toby's Gesicht zu einem angenehmern Oval verkürzte — oder ob die Menschenliebe seines Herzens, als er seinen Bruder sich aus dem See seiner Leiden hervorarbeiten sah, seine Muskeln angeschwellt hatten, — so, daß der Druck auf sein Kinn bloß die Leutseligkeit verdoppelte, die man vorher darinn sahe, ist nicht schwer zu entscheiden. — Mein Vater, als er die Augen auf ihn wendete, ward von einem solchen Sonnenscheine aus seinem Gesichte bestrahlet, daß dadurch augenblicklich die Starrheit seiner Traurigkeit aufthauete.

Er brach folgendermaassen das Stillschweigen:

Drittes Kapitel.

Hat wohl jemals, Bruder Toby, sagte mein Vater, indem er sich auf seinem Ellbogen stemmte, und sich nach der andern Seite des Bettes kehrte, woselbst mein Oncle Toby auf dem alten befranzeten Stuhle saß, und das Kinn auf seine Krücke gestützt hielt — hat wohl jemals ein armer unglücklicher Mann, Bruder Toby, sagte mein Vater, so vielen Hieben herhalten müssen. Die meisten, die ich habe austheilen sehen, sagte mein Oncle Toby, bekam ein Grenadier, ich glaube, (hier klingelte er mit der Glocke, Trim zu rufen) in Makay's Regimente. — Hätte mein Oncle Toby meinem Vater eine Musketenkugel durchs Herz gejagt, er hätte nicht plötzlicher, Knall und Fall! mit der Nase aufs Kissen fallen können.

Gott bewahre! sagte mein Oncle Toby.

Viertes Kapitel.

War's nicht in Makay's Regimente, fragte mein Oncle Toby, wo zu Brugges der

Gre=

Grenadier der Dukaten wegen, so erschreck-lich viel Hiebe bekam? — Ach lieber Gott! er hatte keine Schuld, schrie Trim mit einem tiefen Seufzer. Und er ward, mit 'R Gnaden Erlaubniß zu melden, fast todt gepeitschet. — 'S hätten ihn lieber flugs todtschiessen sollen, als ers bat, so wär' er grad' auf im Himmel gefahren, denn 'r war so unschuldig, als 'R Gnaden. — Dank' Ihm, Trim, sagte mein Oncle Toby. Ich kann niemals an sein, fuhr Trim fort, oder meines armen Bruder Tom's Unglück denken, denn wir waren alle drey Schulkameraden, oder ich muß weinen, als 'ne alte Hure. Man ist nicht gleich eine alte Hure wenn man weint, Trim; — Mir kommen selbst zuweilen Thränen in die Augen. — Ich habs 'R Gnaden wohl angemerkt, versetzte Trim, und darum schäm' ich mich auch nicht davor. — Wenn man aber, mit 'R Gnaden Respekt, fuhr Trim fort, wobey sich eine Thräne in seinen Augwinkel drängte, als er sprach — wenn man aber an zwey so brave Jungens denkt, die ein so warm und schön Herz hatten, als sie aus Gotts Backofen kommen können —

so

so ganz ehrlicher Leute Kinder, die so ganz in Gott's Namen in die weite Welt gehn, sich was zu versuchen, — und müssen denn so in die Patsche fallen! — Armer Tom! so auf die Tracktur! und in der Welt nichts nicht gethan, — als eine Judenwittwe gefreyt, die Bratwürste verkaufte — Und armen Dick Johnsens Seele aus'n Leibe zu karbatschen, und das vor Dukatens, die ein andrer Mann in seinen Schnappsack gesteckt hatte! — O — so was heiss' ich Unglück, rief Trim, und langte sein Taschentuch hervor; Unglück 'R Gnaden, daß man seine blutigen Thränen d'rüber weinen sollte.

Meinem Vater trat die Schaamröthe ins Gesicht.

— 'S wäre Schade, Trim, sagte mein Oncle Toby, daß Er jemals selbst Noth und Sorgen erleben sollte! Er beklagt andrer Leute ihre so gutherzig! — Ach lieber Gott! versetzte der Korporal, und heiterte sein Gesicht auf — 'R Gnaden wissen ja, ich hab' weder Weib noch Kind — ich kann keine Noth

und

und Sorgen in dieser Welt haben. — Mein Vater mußte lächeln. — So wenig als ein Mensch haben kann, Trim, erwiederte mein Oncle Toby; ich kann auch nicht absehn, was ein Mann von einem so zufriedenen Herzen wie Er, für Kummer leiden könnte, es sey denn Furcht vor Armuth in seinen alten Tagen. — Wenn Er nicht mehr dienen kann, Trim, — wenn Ihn alle seine Freunde abgestorben sind — so arg wirds, mit 'N Gnaden Wohlnehmen, nicht werden, versetzte Trim. — Ich wollte aber auch nicht, Trim, daß es so arg werden sollte, erwiederte mein Oncle Toby, und eben deswegen, fuhr mein Oncle Toby fort, wobey er die Krücke niederwarf, und sich auf seine Füsse stellte als er das Wort: Ebendeswegen, aussprach— sollEr, Trim, für seine vieljährige Treue gegen mich, und für sein gutes Herz, davon ich so viele Proben habe, — so lange sein Herr noch einen Gulden im Vermögen hat, — keinen andern Menschen um das Geringste ansprechen. Trim bestrebte sich, meinem Oncle Toby zu danken. — Konnt' aber nicht. — Die Thränen liefen ihm häufiger die Wangen hinunter,

als

als er sie abwischen konnte. — Er legte seine Hände auf seine Brust — bückte sich bis auf die Erde, und machte die Thüre zu.

— Ich habe Trim meinen grünen Bosselplatz vermacht, rief mein Oncle Toby — Mein Vater lächelte. — Ich habe ihm dazu jährlich ein gewisses verschrieben, fuhr mein Oncle Toby fort, — Mein Vater ward ernsthaft.

Fünftes Kapitel.

Ist dies wohl eine schickliche Zeit, sagte mein Vater bey sich selbst, von Vermächtnissen und von Grenadieren zu sprechen?

Sechstes Kapitel.

Als mein Oncle Toby zuerst des Grenadiers erwähnte fiel mein Vater, sagt ich, mit der Nase platt aufs Kissen, und das so schnell, als ob ihn mein Oncle Toby erschossen hätte; es ward aber nicht dabey gesagt, daß jedes andre Glied und Gelenke meines Vaters, eben den Augenblick mit seiner Nase wieder in die vorhin beschriebene Stellung verfiel; so daß, als Trim hinausging, und mein Vater Lust bekam, das Bette zu verlassen, er alle die vorgängigen kleinen Bewegungen noch einmal durchlaufen mußte, eh ers bewerkstelligen konnte. — Stellungen sind nichts, Madame, — In dem Uebergange von einer Stellung zur andern, — gleich wie man die Dissonanzen präparirt und hernach in Consonanzen auflöset — darinn steckt alles.

Aus dieser Ursach, pedalierte mein Vater von neuen sein Stückchen auf den Fluren — stieß den Kammertopf noch ein wenig weiter unter das Fallblatt, — that sein Hm! — richtete sich auf seinem Ellbogen in die Höhe, — und wollte eben meinen Oncle Toby anreden — als er sich besann, wie schlecht es ihm vorher in dieser Stellung gelungen sey, — er machte sich also auf die Füsse, und nachdem er Dreymal auf- und niedergegangen war, blieb er vor meinem Oncle Toby stockstille stehen, und indem er den Vorderfinger seiner

Rech-

Rechten Hand in die flache Linke legte, und sich ein wenig niederbeugte, redete er meinen Oncle Toby folgendergestalt an:

Siebendes Kapitel.

Wenn ich so meine Gedanken habe, Bruder Toby, über den Menschen, und so diese Seite an ihm beschaue, die sein Leben so manchen Ursachen der Mühseligkeiten blos stellt: — Wenn ich so bedenke, Bruder Toby, wie oft wir das Jammerbrodt essen, und daß wir dazu gebohren sind, wie zu unserm Erbschaftstheile. — Ich ward zu nichts gebohren, sagte mein Oncle Toby, und fiel meinem Vater in die Rede, als zu meiner Monatsgage. — Seht doch! sagte mein Vater; hat Dir mein Oncle nicht jährlich hundert und zwanzig Pistolen vermacht? — Ja, wie hätt' ichs sonst machen sollen? erwiederte mein Oncle Toby. Das ist eine andre Frage, sagte mein Vater ein wenig mürrisch. Aber ich sage, Toby, wenn man so die Liste von Klitterschulden und kläglichen Items durchläuft, womit das Herz des Menschen belastet und beschwert ist:

so muß man sich wundern, durch was für heimliche Zuflüsse das Gemüth in Stand gesetzt wird, es auszuhalten, und die Auflagen noch so abzutragen, die unsrer Natur aufgebürdet sind. — Durch Hülfe des allmächtigen Gottes, rief mein Oncle Toby, mit gen Himmel gerichteten Augen und fest gefalteten Händen, geschieht das, — nicht durch unsre eigne Kraft, Bruder Walther — eine Schildwache in einem hölzernen Schilderhäuschen, könnte eben so leicht gegen ein Detaschement von funfzig Mann Fuß halten wollen — die Gnade und der Beystand des allerliebreichsten Wesens hält uns aufrecht. — Das heißt den Knoten zerhauen, sagte mein Vater, und nicht auflösen. — Aber erlaube mir, Bruder, daß ich Dich ein wenig tiefer ins Geheimniß führe.

Gern, gern; erwiederte mein Oncle Toby.

Mein Vater änderte alsobald die Stellung worinn er war, in die Stellung, worinn Raphael in seiner athenienser Schule den

So=

Sokrates so vortreflich vorgestellt hat, in welcher Stellung, wie Ew. Kennerschaft wissen, sogar die eigenthümliche Lehrart des Sokrates ausgedrückt liegt — denn er hält den Zeigefinger seiner linken Hand zwischen dem Zeigefinger und Daumen seiner Rechten, und scheint zu den Gauche, den er zurecht weisen will, zu sagen: „Das räumst Du mir ein „— und dieß; — und dieß, — und das „frag ich nicht einmal; weils natürlich von „selbst folgt.„

So stund mein Vater, hielt den einen Zeigefinger zwischen dem andern Zeigefinger und Daumen, und philosophirte mit meinem Oncle Toby, der auf dem alten Tapeten-Stuhle saß, der mit abgebleichten verwitterten Franzen besetzt war. — O Garrick! was würdest Du mit Deiner Kunst hieraus für einen reichhaltigen Auftritt machen. Und wie gerne schriebe ich noch so einen, um mich an Deine Unsterblichkeit zu schmiegen, und mich darhinter der meinigen zu versichern.

Achtes Kapitel.

Obgleich der Mensch das herrlichste Fuhrwerk von allen ist, sagte mein Vater, so ists gleichwohl dabey so leicht gebauet, und so wackelnd gefüget, daß die harten Püffe und Stösse, die es in dieser höckrichten Fahrt des Lebens ausstehen muß, jeden Tag es wohl zwölfmal umwerfen und in Stücken bröckeln würden, hätten wir nicht, mein lieber Toby, eine geheime Stahl-Feder in uns — Das muß wohl, meyn ich, sagte mein Oncle Toby, nichts anders seyn, als die Religion. — Will die meines Kindes Nase ansetzen? rief mein Vater indem er den Finger los ließ, und eine Hand gegen die andre schlug. Sie macht alles vor uns eben und schlicht, antwortete mein Oncle Toby — Das mag figürlich recht wohl seyn, mein guter Toby, sagte mein Vater; die Stahlfeder aber, wovon ich spreche, ist diejenige grosse und elastische Kraft in unserm Wesen, den Uebeln entgegen zu wirken, welche, wie eine verborgen angebrachte Feder in einem gutgemachten Wagen, zwar nicht den Stoß abwendet, — aber doch macht, daß wir ihn weniger fühlen.

Und siehe nun, mein lieber Bruder, sagte mein Vater, und faßte seinen Zeigefinger wieder, als er näher zur Hauptsache kam — wäre mein Kind ganz und gut zur Welt gekommen, wäre's nicht an seinem köstlichsten Gliede ein Märtyrer geworden — siehe — so ein Grillenfänger und Sonderling ich der Welt, in meiner Meynung über die Taufnamen, und über die magische Richtung, welche gute oder schlechte Namen unsern Characteren und Handlungen unwiderstehlich geben, auch immer scheinen mag — so ist doch der Himmel mein Zeuge, daß ich, in der Ergiessung der heissesten Wünsche für die Wohlfahrt meines Kindes, nie gewünschet habe, sein Haupt mit mehr Ruhm und Ehre zu krönen, als womit **Georg** und **Eduard** es bekränzen könnten.

Aber nun, leider! fuhr mein Vater fort, da ihm das größte Unglück überkommen ist — muß ich dem entgegen wirken, und es durch das größte Glück aufheben.

Er soll **Trismegistus** getauft werden, Bruder.

Wünsche, daß es gut anschlagen mag! versetzte mein Oncle Toby, und stund dabey auf.

Neuntes Kapitel.

Was für ein Kapitel von Glücksschanzen! sagte mein Vater, wobey er auf dem ersten Treppenstuhle sich umkehrte, als er mit meinem Oncle Toby hinuntergehn wollte. — Was für ein Kapitel von Schanzen legen uns nicht die Begebnisse dieser Welt vor Augen. Nimm Feder und Dinte, Bruder Toby, und calculire einmal richtig — Ich weiß soviel von der Calculation, als das Geländer da! [Er schlug dabey mit der Krücke darauf, die glitschte aber ab, und versetzte meinem Vater einen derben Schlag vors Schienbein] 'S war Hundert gegen Eins! — rief mein Oncle Toby. — Ich meynte, sagte mein Vater, und rieb sich das Schienbein, ich meynte, Du wüßtest nichts von Calculationen! Bruder Toby. Ich kann nichts dafür, es ist Zufall. — So ist das Kapitel um Eins vermehrt, versetzte mein Vater.

Die

Die zwiefache Gelegenheit, da mein Vater eine witzige Antwort anbringen konnte, vertrieb ihm auf einmal die Schmerzen aus der Schiene. — Es war ein Glück — [Schon wieder eine Schanz] sonst wüßte die Welt bis auf den heutigen Tag noch nicht, was mein Vater calculirt haben wollte. Es zu errathen, dafür war keine einzige Schanz — Was für ein glückliches Kapitel von Schanzen dieses geworden ist! Dadurch hab' ich die Mühe erschanzt, ausdrücklich eins darüber zu schreiben, und wahrhaftig, ich habe ohnedem schon alle Hände voll zu thun — versprach ich nicht der Welt ein Kapitel von Knoten? — Zwey Kapitel vom rechten und verkehrten Ende eines Frauenzimmers? Ein Kapitel von Zwickelbärten? Ein Kapitel von Wünschen? Ein Kapitel von Nasen? — Nein, das hab ich abgethan — Ein Kapitel von meines Oncle Toby's Züchte? — Zu geschweigen eines Kapitels über die Kapitel, welche ich fertig machen will, eh' ich mein Haupt zur Ruhe lege — Bey meines Urgroßvaters Zwickelbarte! ich komme in diesem Jahre nicht mit der Hälfte aller der Kapitel zu Stande!

Nimm Feder und Dinte zur Hand, und calculire genau, Bruder Toby, sagte mein Vater, und es wird heraus kommen, wie eine Million zu Eins, daß der Rand der Accouchierzange so unglücklicher Weise, unter allen Gliedern des Körpers, gerade auf das Eine fallen und es niederdrucken mußte, welches zugleich das Glück unsrer Familie mit unterdrückt.

'S hätte ärger werden können, versetzte mein Oncle Toby. — Das seh' ich nicht ab, sagte mein Vater. — Wenn das Kind verkehrt gelegen hätte, was meynst Du, sagte mein Oncle Toby, wie sich Doktor Slop so Etwas entfallen ließ!

Mein Vater dachte eine halbe Minute nach, — sah auf die Erde — legte seinen Finger locker an seine Stirne —

Wahr! sagt' er.

Zehntes Kapitel.

Ists nicht eine Schande, zwey Kapitel aus dem zu machen, was vorging, unterdesdessen man eine Stiege hinunterstieg? Denn weiter, als bis zum ersten Treppenstuhle, sind wir noch nicht gekommen, und haben noch funfzehn Stufen bis ganz hinunter, und nach meines Vaters und meines Oncle Toby's Gesprächigkeit zu urtheilen, kanns noch eben so viel Kapitel geben, als Tritte. — Lassen Sie's gehn, mein Herr! ich kann eben so wenig davor, als vor meinen Tod; — Da kommt mirs auf Einmal vor, als gäbe mirs einer ein: laß den Vorhang fallen, Schandy — ich laß ihn fallen. — Zieh eine Querlinie über Dein Papier, Tristram! — ratsch! da steht sie — und heyda! zu einem neuen Kapitel.

Kein Lineal in der Welt hab' ich anders, nach dem ich mich in diesem Geschäfte richte — und hätt' ich eins — da ich alles lieber aus freyer Faust thue — lieber bräch' ichs vor den Knien in Stücken und würf' es dann ins Feuer — werd' ich warm? Ja, ich werd' es; und die Ursache läßt es nicht anders zu. Seht doch! Soll sich der Mann nach Regeln und Linealen richten — oder sie nach ihm?

Nun ist dieß, müssen Sie wissen, mein Kapitel über die Kapitel, welches ich zu schreiben versprach, eh' ich mein Haupt zur Ruhe legte, und ich halte es also für die beste Gelegenheit, mein Gewissen völlig frey zu machen, eh' ich mich niederlege, um der Welt gerade herauszusagen, was ich von der Sache weiß! Ist das nicht zehnmal besser, als mit dicken Pausbacken zu beginnen, und der Welt mit gedrechselten und gefeilten Perioden voll Weisheit ein Geschichtgen zu erzählen, von einem gerösteten Pferde? — Daß Kapitel Ruhepunkte des Gemüths sind — daß sie der Imagination aufhelfen, oder Etwas aufheften — oder, daß sie in einem Werke von dieser dramatischen Einkleidung eben so wesentlich sind, als die Abwechslung der Scenen — nebst funfzig andern solchen kalten Einfällen, wässerig genug, das Feuer auszulöschen, dabey es geröstet wurde? — Oh! doch um dieses zu verstehn, welches ein Windstoß in den Brand des Dianentempels ist — müssen Sie den Longinus vom Erhabnen lesen — lesen Sie nur zu! — Wenn Sie auch nicht um einen Tüttel klüger werden, wenn Sie ihn das Er-

ste-

stenmal durchlesen — thut nichts — lesen Sie ihn noch Einmal. — Avicenna und Licetus lasen Aristoteles Methaphysik vierzigmal ganz durch, und verstunden kein einziges Wort. — Aber merken Sie die Folgen. — Avicenna ward ein desperater Schriftsteller in allen Gattungen von Schriften — denn er schrieb Bücher *de omni scribili*; und Licetus, (*Fortunco*) obgleich die ganze Welt weiß, daß er als ein Fötus (*) von nicht mehr denn fünf und

(*) *Ce Foetus* n'etoit pas plus grand que la paume de la main; mais son pere l'ayant examiné en qualité de Médecin, et ayant trouvé que c'etoit quelque chose de plus qu'un Embryon, le fit transporter tout vivant à Rapallo, où il le fit voir à Jerôme Bardi et à d'autres Medecins du lieu. On trouva qu'il ne lui manquoit rien d'essentiel à la vie; et son pere pour faire voir un essai de son experience, entreprit d'achever l'ouvrage de la Nature, et de travailler à la formation de l'Enfant avec le même artifice que celui dont on se sert pour faire éclorre les Poulets en Egypte. Il instruisit une Nourice de tout ce qu'elle avoit à faire, et ayant fait mettre son fils dans un Four proprement accommodé, il reuissit à l'élever et à lui faire prendre ses accroissemens necessaires, par l'uniform

und einen halben Zoll lang, so wuchs er doch zu der erstaunenden Höhe in der Litteratur hinan, daß er ein Buch schrieb, das einen Titel hatte, der so lang war, als er selbst — Die Gelehrten wissen, ich meyne seine *Gonopsychanthropologia*, vom Ursprunge der menschlichen Seele.

So

formité d'une chaleur étrangére mesurée éxactement sur les dégrés d'un Thermométre, ou d'un autre instrument équivalent. (Vid. Mich. Giustinian, negli Scritt. Liguri à Cart. 223. 488.)

On auroit toujours été très-satisfait de l'industrie d'un Pere si experimenté dans l'Art de la Genération, quand il n'auroit pû prolonger la vie a son fils que pour quelques mois, ou pour peu d'années.

Mais quand on se représente que l'Enfant a vecu près de quatre-vingts ans, et qu'il a composé quatre-vingts Ouvrages differents, tous fruits d'une longue lecture — il faut convenir que tout ce qui est incroyable n'est pas toujours faux, et que la *Vraisemblance n'est pas toujours du coté de la Verité.*

Il n'avoit que dix-neuf ans lors qu'il composa Gonopsychanthropologia de Origine Animae humanae.

(Les Enfans celebres, revûs et corrigés par M. De la Monnoye de l'Academie Françoise.)

So weit mein Kapitel über die Kapitel, welches ich für das beste Kapitel in meinem ganzen Werke halte; und, glauben Sie mir auf mein Wort, wer es nur lieset, ist eben so nützlich beschäftigt, als ob er Hirsen ausläse.

Eilftes Kapitel.

Wir wollen noch alles wieder in Ordnung bringen, sagte mein Vater, als er den Fuß auf den ersten Tritt vom Treppenstuhle setzte. — Dieser Trismegistus, fuhr mein Vater fort, indem er das Bein wieder zurück zog, und sich zu meinem Oncle Toby wandte, war das grösseste [Toby] von allen irrdischen Wesen. Er war der grösseste König — der grösseste Gesetzgeber — der grösseste Philosoph — und der grösseste Priester — Und Ingenieur? — sagte mein Oncle Toby. —

— Versteht sich, sagte mein Vater.

Zwölftes Kapitel.

— Was macht Ihre Wochenbetterinn? schrie mein Vater, der abermal

den

den Schritt vom Treppenstuhle herunter that, und Susanna anrufte, die er eben unten an der Stiegen mit einem grossen Nadelkissen vorbey gehn sah. — Was macht Ihre Wochenbetterinn? Recht gut, nach den Umständen, sagte Susanna im Vorbeygehn, ohne herauf zu sehn. — Was für ein Thor ich bin! sagte mein Vater, der sein Bein abermal zurückezog, laß das Befinden seyn, wie es will, Bruder Toby, so ist das die ewige Antwort — und wie ists mit dem Kinde? — Keine Antwort. Und wo ist der Herr Doktor Slop? fuhr mein Vater fort, mit lauterer Stimme, und sah dabey übers Geländer. Fort war Susanna.

Unter allen den Räthseln des ehelichen Lebens, sagte mein Vater, und ging über den Treppenstuhl, um sich mit dem Rücken an die Wand zu lehnen, derweile er meinem Oncle Toby die Sache vortrüge — unter allen den verworrenen Räthseln des ehelichen Lebens, sagt' er, — davon man, Du kannst Dich auf meine Erfahrung verlassen, Bruder Toby, davon man mehrere Esel be-

packen

packen könnte, als Hiobs ganze Heerde Esel ausmachte — ist keins so schwer aufzulösen, als dieses, daß, sobald die Frau des Hauses in die Wochen gekommen ist, jedes Weibsbild im Hause, von Madame ihrem Kammermädchen an, bis auf das geringste Scheuermensch, einen Zoll höher wächst, und sich dieses einzigen Zolls wegen, mehr in die Brust wirft, als aller ihrer übrigen Zölle wegen zusammen genommen.

Ich denke vielmehr, antwortete mein Oncle Toby, daß wir's sind, die einen Zoll einschrumpfen. — Wenn ich nur eine schwangre Frau ansichtig werde — Es ist eine schwere Last, die dieser Hälfte unsrer Mitgeschöpfe aufgelegt ist, Bruder Walther, sagte mein Oncle Toby. — 'S ist wohl eine klägliche Bürde, fuhr er fort, und schüttelte den Kopf. — Ja, ja, 's ist eine mühselige Sache — sagte mein Vater, und schüttelte seinen Kopf gleichfalls — Aber wahrhaftig, seitdem das Kopfschütteln Mode gewesen ist, schüttelten nie zugleich zwey Köpfe concertmäßig zusammen aus so verschiedenen Ursachen.

Gott

Gott bewahre } sie alle — sagten mein
Der Henker hole }

Oncle Toby und mein Vater zugleich bey sich selbst.

Dreyzehntes Kapitel.

Holla! — guter Freund Lastträger! Da hat Er drey Groschen — geh' Er doch nach jenem Buchladen, und hol' Er mir einen handfesten Kritiker her. Ich will gerne einem jeden von ihnen einen Gulden geben, der mir mit seinen kritischen Seilen und Winden helfen will, meinen Vater und meinen Oncle Toby die Treppe herunter und zu Bette zu bringen.

— Es ist die höchste Zeit; denn ausser dem bisgen Nippen, das sie thaten, derweile Trim die Steifstiefeln bohrte — und wovon, nebenher gesagt, mein Vater keinen Nutzen hatte, wegen der bösen Thürangel — haben sie seit neun Stunden vor der Zeit, da Doktor Slop von Obadiah in der schmutzigen

Pickel

Pickel in die Hinterstube geführt ward, kein Auge zugethan.

Sollte noch jemals ein Tag in meinem Leben ein so geschäftsvoller Tag seyn — und so viel Zeit wegnehmen — wahrhaftig, so —

Ich will die Periode nicht ausschreiben, bis ich eine Bemerkung über den sonderbaren Zustand der Sache, zwischen dem Leser und mir selbst, so wie gerade itzt die Sachen stehen, gemacht habe. — Eine Bemerkung, die sich noch niemals auf einen biographischen Schriftsteller, so lange die Welt steht, gepaßt hat, als auf mich selbst — und, wie ich glaube, auf niemand anders wird anwendbar werden, bis zu ihrem letzten Untergange. Und deshalben, blos der Neuheit wegen, wird solche Ewr. Wohlgebohrnen Aufmerksamkeit werth seyn.

Ich bin diesen Monat ein ganzes Jahr älter, als heute vor zwölf Monaten, und da ich, wie Sie sehn, schon fast bis auf die

Hälfte meines vierten Bandes gelangt bin — und noch nicht weiter, als bis auf den ersten Tag meines Lebens gekommen bin, so ists demonstrativisch klar, daß ich schon itzt dreyhundert vier und sechszig Tage mehr zu schreiben habe, als ich zuerst begann; so, daß ich, anstatt, wie ein gewöhnlicher Schriftsteller pflegt, in meinem Werke, mit dem was ich daran gethan, weiter zu kommen — vielmehr gerade so viel Bände zurückgekommen bin. — Sollte noch jemals ein Tag in meinem Leben ein so geschäftsvoller Tag seyn, als dieser — (und warum nicht? —) und die Thaten und Meynungen an demselben so viel Zeit wegnehmen zu beschreiben — (und aus was Gründen sollten sie kürzer abgefertigt werden?) da ich auf diese Weise gerade 364 Tage geschwinder lebte, als ich schreibe: — so muß, mit Ewr. Wohlgebohrnen Erlaubniß, daraus folgen, daß ich, jemehr ich zu schreiben haben werde, und folglich, jemehr Ewr. Wohlgebohrnen lesen, jemehr werden Ewr. Wohlgebohrnen zu lesen haben.

Wird

Wird dieß zuträglich seyn, für Ewr. Wohlgebohrnen Augen?

Für meine wenigstens; und, sollten mir meine Meynungen nicht den Hals kosten, so seh' ich schon, werde ich von diesen meinem Leben ein hübsches Leben führen; oder, mit andern Worten, ich werde ein Paar hübsche Leben zugleich führen.

Der Vorschlag, jedes Jahr Zwölf Bände, oder jeden Monat Einen zu geben, der verändert meine Aussicht gar nicht. — Laß mich schreiben, wie ich mag, und wie ich will, nach Horazens Rath, mitten in meine Materie hinein fallen — ich werde mich niemals einholen — trotz alles Treibens und Peitschens, wenn auch das Aergste zum Argen kommen sollte, habe ich doch immer einen Tag vor meine Feder voraus — und Ein Tag ist genug für zwey Bände — und zwey Bände werden genug seyn, für ein Jahr.

Der Himmel gebe nur seinen Segen zur Papiermacherey unter dieser glückverkündigenden Regierung, die für uns angefangen hat — wie ich das Vertrauen habe, er werde alles übrige gesegnen, was darunter vorgenommen wird.

Die Vermehrung der Gänse — o die macht mir keinen Kummer — die Natur ist immer gütig — an Werkzeug zum Schreiben wird mirs nie gebrechen.

So, also, guter Freund, haben Sie meinen Vater und meinen Oncle Toby die Treppen herunter und zu Bette gebracht? — und wie haben Sie das angegriffen? — Sie liessen unten vor der Treppe einen Vorhang fallen — Ich dachte wohl, daß es nicht anders thunlich seyn würde. — Da haben Sie einen Gulden für Ihre Mühe.

Vierzehntes Kapitel.

— So geb' Sie mir meine Beinkleider vom Stuhle her, sagte mein Vater zu Susanna. — Sie haben keinen Augenblick Zeit, sich anzukleiden, Herr, sagte Su-

Susanna — das Kind ist so schwarz im Gesichte, als mein — Als Ihr, was? sagte mein Vater, denn wie alle Rethoriker, war er ein sorgfältiger Untersucher der Gleichnisse. — O Himmel, Herr, das Kind hat die Bangigkeit; — Und wo ist Herr Yorick? — Ist nirgends zu finden, sagte Susanna, aber sein Kaplan ist im Besuchzimmer, und hats Kind schon aufm Arme, und wartet auf den Namen, — und Madame sagte mir, ich sollte geschwind laufen und fragen, weil doch Herr Capitain Schandy Gevatter ist, obs nicht nach ihm heissen sollte.

Wenn man gewiß wüßte, sagte mein Vater bey sich selbst, und strich sich die Augenbraunen, daß das Kind nicht aufkäme, thäte man eben so gut, dem Bruder Toby das Kompliment zu machen. — 'S wäre in dem Falle so gar Schade, einen so grossen Namen als Trismegistus daran zu verschwenden. — Aber er kann besser werden.

Nein, nein — sagte mein Vater zu Susanna, ich will aufstehn — 'S ist keine Zeit,

 schrie

schrie Susanna, das Kind ist so schwarz als meine Schuh. Trismegistus, sagte mein Vater. — Aber warte Sie — Sie ist ein durchlöchertes Sieb, Susanna, setzte mein Vater hinzu; kann Sie wohl Tris-megis-tus in Ihrem Kopfe über die Gallerie tragen, ohne etwas davon zu verspillen. Das dächt ich! rief Susanna, und schlug mit aufgeworfner Nase die Thüre zu. — Ich will mich hängen lassen, wenn ichs denke, sagte mein Vater, und sprang im Finstern aus dem Bette und suchte nach seinen Beinkleidern.

Susanna rannte eilig über die Gallerie.

Mein Vater that was er konnte, seine Beinkleider zu finden.

Susanna gewann den Vorsprung, und behielt ihn. — 'S ist Tris — oder so was, rief Susanna — Es ist kein andrer christlicher Name in der Welt, sagte der Kapellan, der mit Tris anfängt, als Tristram. Ja, ja, Tristram-gistus, sagte Susanna.

'S ist nichts zu gistussen dabey, sagte der Kapellan, 's ist mein eigner Name, und fuhr

da-

daben mit der Hand ins Taufbecken — Tristram! sagte er, ich — u. s. w. So ward ich Tristram getauft; und Tristram werde ich wohl heissen, bis an mein seliges Ende.

Mein Vater folgte der Susanna, mit dem Schlafrocke überm Arme, und mit nichts weiterm am Leibe, als seinen Beinkleidern, die nur, der Eile wegen, mit Einem Knopfe zugeknöpft waren, und dieser Knopf saß, der Eile wegen, nur halb in seinem Knopfloche.

Sie hat doch den Namen nicht vergessen? schrie mein Vater, als er die Thüre nur erst halb geöfnet hatte. — Nein, nein, sagte der Kapellan, mit einem schlauen Tone — Und das Kind ist besser, rief Susanna. — Und was macht Ihre Wöchnerinn? — Recht gut, nach den Umständen, sagte Susanna. — Pisch! sagte mein Vater, und der Hosenknopf sprung aus dem Knopfloche — so daß, ob das Pisch auf die Susanna, oder auf das Knopfloch ging — ob es eine Interjektion der Verachtung oder der Zuchte war — im Zwei-

 fel

fel ist, und so lange im Zweifel bleiben wird; bis ich Zeit gewinne, die drey folgenden Leibkapitel zu schreiben, nämlich: mein Kapitel von den Kammerzofen — mein Kapitel von den Pischen, und mein Kapitel von Knopflöchern.

Alles Licht, was ich für itzt dem Leser geben kann, besteht darinn, daß mein Vater den Augenblick, da er pisch! sagte, sich herumdrehte, und, mit der einen Hand seine Beinkleider in die Höhe haltend, und mit dem Schlafrocke auf dem andern Arme, wieder über der Gallerie hin nach seinem Bette ging, etwas langsamer, als er gekommen war.

Funfzehntes Kapitel.

Ich wollte, ich könnt' ein Kapitel über den Schlaf schreiben.

Eine schicklichere Gelegenheit könnte ich niemals dazu finden, als die gegenwärtige, da alle Vorhänge in der ganzen Familie zugezogen, die Lichter ausgelöscht — und keines

Men-

Menschen Augen mehr offen sind, als nur ein Einziges, denn meiner Mutter Wartsfrauen ihr Zweytes ist schon seit zwanzig Jahren geschlossen gewesen.

Es ist eine wackere Materie!

Und doch, so wacker sie ist: so wollte ich dennoch eher ein Dutzend Kapitel von Knopflöchern zu schreiben unternehmen, und zwar geschwinder und mit mehr Ruhm, als ein Einziges hierüber.

Knopflöcher! — In der blossen Idee steckt schon Etwas Erfreuliches. — Und, glauben Sie mir, komm ich erst darüber — Ihr Hochedelgebohrne Herren mit grauen Bärten — Sie mögen so finster aussehn, als Sie wollen, — rechten Spaß will ich mit meinen Knopflöchern treiben — Ich will sie alle für mich allein behalten. — 'S ist eine Jungfernmaterie. Ich kann dabey keines Mannes Weisheit oder Witz abdreschen.

Vom Schlafe aber — ich weiß, ich bringe nichts d'räber heraus, bevor ich begingönne — Ich mag an Euren feinen Weidsprüchen nicht herumstreicheln und kneifen, Erstlich, und — Zweytens kann ich für mein Leben kein ernsthaft Gesicht bey einer armseligen Sache machen, und der Welt vorsagen: — Er ist den Betrübten Zuflucht — dem Gefangenen Erlösung — ein weicher Schooß dem Hofnungslosen, dem Müden, und dem Niedergeschlagenen; ich mag auch nicht mit einer Lügen im Maule anheben und behaupten, daß von allen den angenehmen und ergötzlichen Verrichtungen unserer Natur, durch welche es ihrem grossen Urheber, nach seiner Güte gefallen hat, die Leiden zu versüssen, die seine Gerechtigkeit und Wohlgefallen uns auferlegt hat, diese die vornehmste sey; [ich kenne Vergnügungen, die zehnmal so viel werth sind] oder auch, was für eine Glückseligkeit es für den Menschen sey, wenn die Sorgen und Leidenschaften des Tages vorüber, und er sich auf seinen Rücken legt, daß alsdann seine Seele sich in einer solchen Lage befindet, daß allenthalben, wohin sie nur ihre Augen wendet, der Himmel heiter und ruhig über ihr hervorblickt — weder Begierden — noch

noch Furcht — oder Zweifel, die die Luft trübe machten — noch ein vergangenes, gegenwärtiges oder künftiges Leiden, darüber die Imagination, während dieser angenehmen Entäusserung, nicht ganz linde hinfahren könnte.

„Gott ehre mir den Mann,„ sagte Sansa Pancha, „der die hübsche Sache erfunden hat, die sie Schlaf nennen. — „Ein Mensch liegt so sanft drunter, als obs „ein Mantel wäre.„ Hierinn steckt für mich mehr, und es spricht wärmer zu meinem Herzen und Gefühle, als alle Dissertationen, die über diese Materie aus den Köpfen aller Gelehrten zusammen, herausgequetscht sind.

— Nicht, daß ich so gänzlich mißbilligte, was Montaigne darüber vorbringt — es ist in seiner Art vortreflich. — [Ich schreibe aus dem Gedächtnisse nach!]

Die Welt genießt andere Vergnügungen, sagt er, wie sie des Schlafs genießt, ohn' ihn zu schmecken, oder zu fühlen, indem er

vor=

vorüber eilt. — Wir sollten darüber studieren und nachdenken, um demjenigen gehörig dafür zu danken, der ihn uns verleihet — deß Endes laß ich mich mit Fleiß in meinem Schlafe stören, damit ich ihn darnach desto besser und inniger schmecken möge. — Und dennoch seh' ich wenige, sagt er abermal, die mit weniger Schlafe auskommen können, wenns nöthig thut. — Mein Körper ist für anhaltende, aber nicht für plötzliche und heftige Erschütterungen gemacht — seit einiger Zeit vermeide ich alle heftige Bewegungen. — Des Gehens werd' ich nie müde, — von Jugend auf aber hab' ich nicht gern' auf Steinpflaster reiten mögen. Ich mag gerne hart und alleine liegen, und sogar ohne meine Frau — Dieses letzte Wort mag den Glauben der Welt stutzig machen, — bedenken Sie aber „*La vraisemblance* [wie Bayle im Artikel Licetus sagt] „*n'est pas toujours* „*du Coté de la Verité.*„ Die Wahrheit ist nicht allemal wahrscheinlich. Und so viel vom Schlafe.

Sechs-

Sechszehntes Kapitel.

Wenns meine Frau nur wagen will — Bruder Toby, so sollen sie Trismegistus anziehn und zu uns herunter bringen, derweile Du und ich unsern Thee trinken. —

Geh' Er, Obadiah, und sag' Er Susanna, sie soll hier kommen.

Sie ist eben hinauf gerannt, antwortete Obadiah, und seufzt, und heult, und ringt die Hände, als ob ihr das Herz in Stücken springen wollte. —

Das werden hübsche sechs Wochen werden, sagte mein Vater, und wendete sich von Obadiah weg, und sah meinem Oncle Toby einige Zeit steif ins Gesicht — hübsche sechs Wochen werden wir erleben; Bruder Toby, sagte mein Vater, und stemmte seine Arme in die Seiten; Feuer, Wasser, Weiber, Wind, Bruder Toby! — 'S ist wieder ein Unglück, sagte mein Oncle Toby — Das ists; rief mein Vater — so manche widersinnige Elemente zu haben, die losbrechen,

und

und in jedem Winkel eines Mannes Hause im Triumph herumfahren. — Es fruchtet der Ruhe einer Familie sehr wenig, Bruder Toby, daß Du und ich über uns selbst Meister sind, und hier still und ruhig sitzen — derweile solch ein Sturm über unsern Häuptern pfeift. —

— Und was hat sie denn zu winseln, Susanna? — Sie haben das Kind Tristram getauft — und meine Madame hat darüber eben einen historischen Zufall gehabt; — Nein — ich kann nichts davor, sagte Susanna — ich hab's ihm recht gesagt, **Tristramgistus.**

— Mache nur Thee für Dich alleine, Bruder Toby, sagte mein Vater, und nahm seinen Hut von der Wand; — wie verschieden aber von den Aufwallungen und Bewegungen, die sich ein gemeiner Leser dabey vorstellen möchte!

— Denn er sprach in der sanftesten Modulation — und nahm den Hut mit der gelinlindesten Bewegung der Glieder herab, die nur jemals die Betrübniß in Harmonie zusammenstimmte.

Geh' Er nach dem Bosselplatze und ruf Er Trim, sagte mein Oncle Toby zu Obadiah, sobald mein Vater das Zimmer verließ.

Siebzehntes Kapitel.

Als das Unglück mit meiner Nase so schwer auf meines Vaters Haupt fiel — wie sich der Leser erinnert, ging er flugs Trepp' auf, und warf sich über sein Bette; und hieraus, oder er müßte eine tiefe Einsicht in die menschliche Natur haben, wird er willig seyn, einen Umlauf eben solcher steigenden und fallenden Bewegungen, über das Unglück mit meinem Namen von ihm zu erwarten; — Nichts!

Das verschiedene Gewicht, mein theurer Herr — Ja, was Gewicht? — das verschiedene Packen zwoer Widerwärtigkeiten von einerley Gewicht — macht schon eine himmelweite

weite Verschiedenheit in unserer Art und Weise, wie wir solche aufnehmen und tragen. Noch keine halbe Stunde ist es her, daß ich (in der grossen Eil' und Hast eines armen Teufels, der ums liebe tägliche Brodt schreibt) einen druckfertigen Bogen, den ich eben sorgfältiglich rein abgeschrieben hatte, anstatt der Kladde patsch ins Feuer warf.

Straks riß ich mir die Perucke ab, und warf sie mit aller möglichen Gewalt gerade auf an den Balken — ich fing sie zwar im Herunterfallen wieder auf — Aber damit wars auch vorbey; und denk ich auch nicht, daß sonst Etwas in der Natur mir eine so unmittelbare Erleichterung verschaft hätte. Sie, die theure Göttinn, treibt uns durch eine plötzliche Anwandlung, in allen aufreitzenden Fällen, zu einem Ausfalle mit diesem oder jenem Gliede; oder auch wirft sie uns in diesen oder jenen Platz, oder Stellung des Körpers, wir wissen nicht wie? Merken Sie aber Madame, wir sind mit Geheimnissen und Räthseln umringt. — Die deutlichsten Dinge, die uns vorkommen, haben ihre dunklen

Sei-

Seiten, die der scharfsichtigste nicht durchschauen kann; und selbst der helleste und grösseste Kopf unter uns befindet sich fast bey jeder Spalte im Werke der Natur in Verlegenheit, und weiß nicht, was er daraus machen soll; so daß dieses, so gut wie tausend andre Dinge, auf eine solche Art für uns ausfallen, wovon wir zwar die Ursach nicht ergründen können — wovon wir aber, mit Ewr. Hochwürden und Ewr. Wohlgebohrnen Genehmhaltung, den Nutzen finden — und das ist genug für uns.

Nun konnte mein Vater sich, ums Leben, mit dieser Betrübniß nicht niederlegen — konnte sie auch nicht, wie die andre, die Treppen hinauftragen — er ging ganz gesetzt damit aus, nach dem Fischteiche.

Hätte mein Vater den Kopf in die Hand gelegt, und eine Stunde darüber gedacht, welchen Weg er nehmen müßte — die Vernunft mit aller ihrer Stärke hätte ihm nichts so gutes anweisen können: Herr, es steckt so Etwas in den Fischteichen! — was es aber ist, das überlasse ich den Systemschmieden und Fischteichgräbern unter einander ausfindig zu machen. — In dem ersten Tumulte der aufwallenden Leidenschaft steckt aber so Etwas unbegreiflich besänftigendes in einem gesetzten und langsamen Spatziergange dahin, daß ich mich oft gewundert habe, wie weder Pythagoras, noch Plato, noch Solon, noch Lykurg, noch Mahomed, oder sonst einer der berühmten Gesetzgeber, jemals das geringste darüber festgesetzt haben.

Achtzehntes Kapitel.

'N Gnaden, sagte Trim, und machte die Thüre zu, eh' er zu reden begann, haben gehört, glaub' ich, von dem Unglücke, das vorgefallen ist — O ja, Trim, sagte mein Oncle Toby, und es geht mir sehr nahe. — Mir gehts auch recht nahe, ich hoff' aber, 'N Gnaden, erwiederte Trim, kennen mich, und wollen also nur nicht glauben, daß ich die geringste Schuld daran bin — Er — Trim? rief mein Oncle Toby, und sah ihm gütig ins Gesicht — Susannens und des Kapelpellans Unverstand ists — Aber 'R Gnaden, was konnten die mit einander im Garten zu schaffen haben? — Auf der Gallerie, meynt Er, Trim, erwiederte mein Oncle Toby.

Trim merkte, daß er auf einer falschen Fährte sey, und brach mit einem tiefen Bückling kurz ab. — Zwey Unglücke, sagte der Korporal bey sich selbst, sind mindstens Zweymal so viel, als es braucht, auf Einmal davon zu sprechen. — Das Unheil, was die Kuh in unsern Fortificationen angerichtet hat, kann ich dem gnädgen Herrn schon hernach erzählen — Trims listige Casuisterey, unter dem Deckmantel seines tiefen Bücklings, kam allem Argwohn meines Oncle Toby's zuvor, der also mit dem, was er Trim zu sagen hatte, fortfuhr, wie folget.

— Ich für mein Theil, Trim, ob ich gleich wenig oder gar keinen Unterschied dabey sehe, ob mein Neffe Tristram oder Trismegistus heißt — doch aber, da die Sache meinem Bruder so sehr auf dem Herzen liegt, Trim — so wollte ich noch gerne hundert

Louisd'or aus meiner Tasche darum geben, daß es nicht geschehn wäre. — Hundert Louis'dor, 'R Gnaden! erwiederte Trim — ich wollte nicht einen Heller zur Bathe geben — Ich gäbe auch nichts drum, Trim, wenns nur auf mich ankäme, sagte mein Oncle Toby; — aber mein Bruder, der sich darüber nicht singen noch sagen läßt — behauptet, daß an den Taufnamen vielmehr gelegen ist, als Ungelehrte wohl meynen! — Denn er sagt, so lang als die Welt steht, hätte noch kein Mann, der Tristram geheissen, eine grosse oder heldenmäßige That ausgerichtet — ja, wenns nach ihm geht, Trim, so kann ein Mensch weder gelehrt seyn, noch weise, noch tapfer, der nicht — 'S ist nichts dran, mit'R Gnaden Wohlnehmen! — Ich focht eben so gut, versetzte der Korporal, als ich im Regimente Trim hieß, als da sie mich Jacob Buttler hiessen — Was mich anbelangt, ob ich mich gleich vor Eigenlob schämen würde; Trim — aber hätt' ich auch Alexander geheissen, ich hätte doch bey Namur nicht mehr thun können, als meine Pflicht — Gott ehre mir R' Gnaden, schrie

schrie Trim, und avancirte bey den Worten drey Schritte; denkt ein Mann wohl an seinen Taufnamen, wenn er ins Treffen geht? — Oder, Trim, wenn er in den Laufgräben steht? schrie mein Oncle Toby, mit standhaftem Blick — Oder wenn er auf eine Bresche los marschirt? sagte Trim, und drang zwischen zwey Stühle — Oder die Linien forcirt? schrie mein Oncle Toby, wobey er aufstund, und seine Krücke fällte, wie ein Sponton — Oder dem feindlichen Pluton das Weisse im Auge sieht, rief Trim, indem er mit seinem Stocke schlag an! machte — Oder wenn er ein Glacis hinaufmarschirt, rufte mein Oncle Toby, wobey er erhitzt aussah, und seinen Fuß aufn Stuhl setzte.

Neunzehntes Kapitel.

Mein Vater war von seinem Spatziergange nach dem Fischteiche zurück gekommen — und öfnete die Thüre des Zimmers, grade in der größten Hitze des Angriffs, als eben mein Oncle Toby das Glacis hinanmarschirte, und Trim wieder laden wollte. — In seinem Le-

Leben war mein Oncle Toby noch auf keinem so verzweifelten Gallopp betreten worden! O lieber Oncle Toby! hätte nicht eine wichtigere Sache alle baare Beredtsamkeit meines Vaters erheischt — wie lahm und jämmerlich würdest Du mit Deinem armen Steckenpferde weggekommen seyn.

Mein Vater hing seinen Hut mit eben der Miene wieder auf, als er ihn vom Nagel genommen hatte; und als er einen flüchtigen Blick auf die Unordnung im Zimmer gethan hatte, nahm er einen von den Stühlen, woraus der Korporal eine Bresche gemacht hatte, setzt ihn meinem Oncle Toby gegenüber, ließ sich darauf nieder, und sobald das Theezeug weggenommen, und die Thüre zugemacht war, brach er in ein Klaglied aus, wie folget:

Klaglied meines Vaters.

Es ist hinfort umsonst, sagte mein Vater, und wendete sich eben so gut an des Ernulphus Fluchbuch, daß auf einer Ecke des Kamingesimses lag, — als an meinen Oncle Toby,

Toby, der darunter saß — es ist hinfort umsonst, sagte mein Vater, mit der mürrischten Eintönigkeit, die sich nur erdenken läßt, gegen diese bitterste von allen menschlichen Ueberzeugungen anzuringen, wie ich bisher gethan. — Ich seh' es klar, es sey wegen meiner eignen Sünden, Bruder Toby, oder wegen der Sünden und Thorheiten des Geschlechts der Schandy's, daß der Himmel für gut gefunden hat, mit seiner schweresten Artillerie gegen mich auszurücken; und daß die Wohlfahrt meines Kindes der Punkt ist, auf welchen sie mit aller ihrer Macht spielen soll — So was sollte einem die ganze Welt um die Ohren herumschleudern, Bruder Walther! sagte mein Oncle Toby. — Wär' es — Unglücklicher Tristram! Kind des Zorns! Kind welker Lenden! der Unterbrechung! des Mißverständnisses! des Mißvergnügens! Was ist für ein einziges Unheil oder Unglück in dem Buche embryonischer Uebel, das Deinen Bau aus seinen Fugen bringen, oder Deine Fibern verwirren konnte! das nicht auf Deinen Kopf gefallen wäre, noch eh Du einmal in die Welt gekommen — was für Uebel auf Deinem Weg her=

herein — was für Uebel nachher! — Gezeugt in den abnehmenden Tagen Deines Vaters — da schon das Siegel seiner Geister und seines Körpers anfing stumpf zu prägen; da Lebenswärme und Lebenssäfte, Elemente, welche die Deinigen hätten stählen sollen, schon im Verfliegen waren; und nichts übrig blieb, wodurch Dein Keim zu stärken, als Negationen — 'S ist nicht sonderlich erklecklich, Bruder Toby, wenns am besten geht, und verlangte alle die kleine Hülfe, die Sorgen, und Fürsichtigkeit an beyden Seiten bewürken könnten. — Aber, wie ist uns der Paß verhauen! Du weißt wie's zugegangen ist, Bruder Toby. — 'S ist zu melancholisch, es hier zu wiederholen — wie die wenigen Lebensgeister, die ich noch in der Welt besaß, und mit welchen Gedächtniß, Phantasie, Genie, und Fähigkeiten hätten hinbegleitet werden sollen — so auf einmal auseinandergestöbert, verblüfft, verjagt, verschlagen, und zu allem Henker gehetzt wurden.

Hier war es Zeit inzwischen, der Verfolgung wider ihn ein Ziel zu setzen; und wenignigstens zu versuchen — ob Heiterkeit und Ruhe des Gemüths bey Deiner Schwiegerinn, Bruder Toby, und eine gehörige Aufmerksamkeit auf ihre Evacuationen und Repletionen, und auf ihre übrigen nicht natürlichen Dinge, nicht während der Zeit einer neun monatlichen Wartung hätte alles wieder in Ordnung bringen mögen. — Das ward meinem Kinde versagt! — Was für ein unruhiges Faßbinderleben führte sie, und folglich auch ihr Foetus, mit ihrer abgeschmackten Gelüsterey, nach ihrem Wochenbetthalten in der Stadt? Ich meynte, meine Schwester habe sich mit der grössesten Gelassenheit darinn gefunden, erwiederte mein Oncle Toby — Ich habe nicht gehört, daß ihr ein einziges aufgebrachtes Wort entfahren wäre — Sie krittelte sich innerlich, rief mein Vater, und ich muß Dir sagen, Bruder, das war zehnmal schlimmer fürs Kind — und noch dazu, was für Battaillen hatte sie nicht mit mir gefochten, und welche Stürme gelaufen, über die Hebamme — Nun, da machte sie ja ihrem Herzen Luft, sagte mein Oncle Toby. — Luft! sagte mein Vater, und sah dabey in die Höhe —

Aber was war das alles, mein lieber Toby, gegen den Schaden und Nachtheil, der uns dadurch zugefügt ist, daß das Kind mit dem Kopfe zuerst auf die Welt gekommen ist; da alles, was ich bey der allgemeinen Verwüstung seiner Bildung wünschte, war, dieses kleine Verstandskästchen unversehrt und ganz zu erhalten. —

— Was für einen Burzelbaum hat, bey aller meiner Fürsicht, mein System mit dem Kinde schon in Mutterleibe machen müssen. Sein Kopf mußte der Hand der Gewaltthätigkeit herhalten, und einem Drucke von 470 schweren Pfunden, so ganz senkrecht auf seinen Scheitel — daß es noch neunzig pro Cent Assecuranz steht, ob das feine Netzwerk des Verstandgewebes nicht in tausend Fetzen zerrissen und zerspliffen ist.

— Noch wär' ihm zu helfen gewesen! — Narr, Geck, Laffe — man geb' ihm nur eine Nase — Krippel, Zwerg, Geiferbart, Tölpel, (laß ihn gebildet seyn wie er will,) das Glückspförtchen steht offen. —

O Li=

O Licetus! Licetus! wäre mir ein Foetus beschert gewesen, fünf und einen halben Zoll lang, wie Du — ich hätte dem Schicksale Trotz geboten.

Noch, Bruder Toby, war nach alle diesem Ein Wurf auf dem Würfel für unser Kind übrig — O Tristram! Tristram! Tristram!

Wir wollen zum Herrn Yorick schicken, sagte mein Oncle Toby.

— Schicke, zu wem Du willst, erwiederte mein Vater.

Zwanzigstes Kapitel.

Wie ich da zwey Bände durch her trottirt und curbettirt bin, zwey auf, zwey nieder, ohne hinter mich, ja nicht einmal bey Seite zu sehen, wen ich übergeritten haben möchte. Ich will niemand überreiten — sagt' ich, als ich aufsaß — ich will wohl einen guten Gallopp reiten; aber dem elendesten Müllergaul will ich auf der Heerstrasse nicht zu

nahe kommen — und damit gings los — eine Strasse auf — eine andre nieder, — durch diesen Schlagbaum durch, — und über jenen hinüber, als ob der Erz-Luftjäger hinter mir drein gejagt hätte.

Man reite aber solcher Maassen, man mag auch noch so gut gesinnt und entschlossen seyn — so kann man eine Million an Eins setzen, daß man jemanden Schaden thun wird, wo nicht sich selbst. Er ist 'rab — verliert den Sattel — da liegt er — er bricht den Hals — Sieh! ist er nicht mitten ins Gerüste der kritischen Zimmerleute gejagt — er wird sich an ihren Balken das Gehirn ausrennen! — er ist wieder heraus getrabt. — O seht doch! Da reitet er wie ein Tollkopf; sporenstreichs durch eine ganze Rudel von Mahlern, Musikanten, Poeten, Biograghen, Physikern, Advokaten, Logikern, Komödianten, Scholastikern — Geistlichen, Staatsmännern, Soldaten, Casuisten, Kunstliebhabern, Prälaten, Päbsten und Ingenieurs — Fürchten Sie nichts, sag' ich — Ich will dem elendesten Sackesel auf der Heerstrasse nichts zu Leide thun.

thun. Aber Ihr Pferd schlenkert Koth; sehn Sie, da haben Sie einen Bischoff besprützt — Ich will doch hoffen, es sey nur Ernulphus, sagt' ich — Sie haben aber den *Messieurs Le Moine*, *De Romigny* und *De Marcilly* dicke Kläckse in die Gesichter geworfen. — Das war voriges Jahr, versetzte ich — Aber diesen Augenblick haben Sie einen König über geritten. — Da wär' es weit mit den Königen gekommen, sagt' ich, wenn sie sich von Leuten meines gleichen überreiten liessen.

— Sie habens gethan, erwiederte mein Ankläger.

Ich läugn' es, sagt ich; und so bin ich durch gekommen, und hier steh' ich nun, mit meinem Zaume in einer Hand, und dem Hute in der andern, meine Historie zu erzählen. Und wie heißt sie? Sie sollen hören, im nächsten Kapitel.

Ein

Ein und zwanzigstes Kapitel.

Als Franciscus der Erste von Frankreich sich eines Winterabends über den Ammern eines ausgebrannten Feuers wärmte, und sich mit seinem ersten Minister über allerley Dinge zum Wohl des Staates besprach: — es wäre nicht übel gethan, sagte der König, und rührte die Ammern mit seinem Rohre auf, wenn das gute Vernehmen zwischen uns und den Schweitzern ein wenig besser befestiget würde — Des Geldgebens an diese Leute, Sire, ist kein Ende — Sie würden den Schatz von Frankreich verschlucken. — Puh, puh! antwortete der König — es giebt mehr Mittel, *Monsieur le Premier*, Staaten zu bestechen, als Geldgeben. Ich will den Schweitzern die Ehre geben, und sie bey meinem nächsten Kinde zu Gevattern bitten. Wenn Ew. Majestät das thun, sagte der Minister, werden Sie alle Gramatiker von ganz Europa über den Hals bekommen; die Schweitz, als Republick ist weiblichen Geschlechts, und kann also nach keinem Sprachgebrauche Gevatter seyn. —

seyn. — So mag sie denn Gevatterinn seyn, sagte Franciscus hastig (*), und schicken Sie Morgenfrüh mit meiner Meynung einen Courier dahin.

Es wundert mich, sagte Franciscus der Erste (vierzehn Tage nachher) zu seinem Minister, als er ins Kabinet trat, daß wir noch keine Antwort von der Schweitz haben. Sire, ich warte Ihnen eben auf, sagte *Monsieur le Premier*, um Denenselben über diese Sache meine Depeschen vorzulegen. Sie nehmen es gut auf? sagte der König. Sie thun es, Sire, antwortete der Minister, und schätzen die Ehre unendlich, die Ew. Majestät ihnen erzeigt haben — Die Republik aber, als Gevatterinn, behält sich hierbey ihr Recht vor, das Kind zu nennen.

Nicht mehr als billig, sagte der König, sie wird ihn **Franciscus**, oder **Heinrich**, oder **Ludewig** nennen, oder sonst einen Namen geben,

(*) Vide Menagiana, Vol. 1.

ben, von dem sie weiß, daß er Uns angenehm ist. Ew. Majestät irren sich, erwiederte der Minister. Eben empfang ich eine Depesche von unserm Residenten, die auch den Entschluß der Republik über diesen Punkt enthält. — Und was für einen Namen hat die Republik beschlossen dem Dauphin zu geben? — Sadrach, Mesach, und Abednego, versetzte der Minister. Beym Gürtel des heiligen Petrus! ich will mit der Schweitz nichts zu schaffen haben, rief Franciscus der Erste, rückte dabey seine Beinkleider in die Höhe, und ging hastig auf und nieder.

Ew. Majestät, erwiederte der Minister gelassen, können nicht wohl zurückziehn.

Wir wollen sie in Gelde bezahlen — sagte der König.

Sire, es sind keine sechszig tausend Kronen im Schatze vorräthig — Ich will das beste Kleinod meiner Krone verpfänden, sagte Franciscus der Erste.

Dero

Dero Ehre ist bey dieser Sache bereits verpfändet, antwortete *Monsieur le Premier*.

Nun, *Monsieur le Premier*, sagte der König, beym — so wollen wir Krieg mit ihnen haben.

Zwey und zwanzigstes Kapitel.

Ob zwar, gütiger Leser, mich ernstlich gelüstet, und ich mich sorgfältig bestrebt habe (nach dem Maasse der wenigen Fähigkeit, die mir Gott in Gnaden verliehen hat, und wie es die fügliche Musse von andern nöthigen Erwerbsarbeiten, und gesunden Zeitvertreibe erlauben wollen) daß diese kleinen Bändchen, die ich Dir hier zu Händen gebe, Dir statt vieler andern dickern Bücher dienen möchten: so habe ich mich doch gegen Dich mit einer so phantastischen Art von tändelnder Kurzweile aufgeführt, daß ich mich recht herzlich schäme, Dich nunmehr ganz ernsthaft um nachsichtliche Güte zu bitten — mit dem Ersuchen, Du wollest mir glauben, daß ich bey der Historie von meinem Vater und seinen Taufnamen — keinen Gedanken daran gehabt habe, Franciscus den Ersten überzureiten — noch bey der Geschichte mit der Nase, Franciscus den Neunten — noch bey dem Charakter meines Oncle's Toby, den militarischen Geist meines Vaterlandes zu charakterisiren — die Wunde an seinem Latzbeine, ist eine Wunde in jeder Vergleichung von der Art — noch daß ich bey Trim, den Herzog von Ormont gemeynt habe — oder daß mein Buch gegen die Prädestination, den freyen Willen, oder die Auflagen geschrieben ist. — Wenn's ja gegen Etwas geschrieben ist — So ists, mit Ew. Wohlgebohrnen gütigen Erlaubniß, gegen die Milzsucht geschrieben; um, durch ein öfteres und convulsiveres Heben und Fallen des Zwergfelles, und durch Erschütterungen der Rippen- und Bauchmuskeln beym Lachen, die **Galle** oder andre **bittre Säfte** aus der Gallenblase, der Leber, und der Gekrößdrüsen meiner Mitbürger, nebst allen menschenfeindlichen Passionen, die dazu gehören, herunterzutreiben, bis in ihre Zwölffingerdärmen.

Drey

Drey und zwanzigstes Kapitel.

— Sagen Sie, kann dem Dinge noch Wandel geschaft werden, Yorick? sagte mein Vater — denn nach meiner Meynung, fuhr er fort, gehts nicht. Ich versteh mich wenig aufs geistliche Recht, erwiederte Yorick; weil ich aber unter allen Uebeln die Ungewißheit für das quälendste halte, so werden wir doch wenigstens das Aergste zu wissen bekommen. Ich hasse die grossen Mahlzeiten, sagte mein Vater. — Auf die Grösse der Mahlzeit kommts hier nicht an, antwortete Yorick — wir wollen ja nur, Herr Schandy, auf den Grund des Zweifels kommen, ob sich der Name umtauschen läßt — und da die Bärte so mancher Commissarien, Consistorialen, Advokaten, Deputirten, Registratoren, und der geschicktesten unsrer Schultheologen, nebst andern, sich an Einem Tische versammlen werden, und **Didius** sie so dringend eingeladen hat — wer wollte wohl in Ihrer Verlegenheit eine so schöne Gelegenheit versäumen? Alles was nöthig seyn möchte, fuhr Yorick fort, besteht darinn, daß wir Didius benachrichtigen, und daß er nach Tische das Gespräch über die Materie einlenke. — So soll, sagte mein Vater, und schlug beyde Hände zusammen, mein Bruder Toby mit uns gehn.

— Laß Er meine alte Knotenperücke, sagte mein Oncle Toby, und meine gestickte Mondirung, die ganze Nacht am Feuer hangen, Trim.

Fünfundzwanzigstes Kapitel.

— Sie haben ganz Recht, Herr — hier fehlt ein ganzes Kapitel — und daraus entsteht in dem Buche eine Lücke von zehn Seiten — und doch ist der Buchbinder weder ein Dummkopf, noch ein Schelm, noch ein Tölpel — auch ist das Buch um keinen Tüttel unvollkommner — (dadurch wenigstens nicht!) vielmehr ist das Buch, dadurch daß das Kapitel fehlt, besser und vollkommner, als wenns da wäre, wie ich solches Ew. Hochwürden auf folgende Weise demonstrire. — Nebenher mögt' es eine Frage seyn, ob nicht der Versuch eben so glücklich mit verschiedenen andern Kapiteln angestellt werden könnte. — Aber, wie Ew. Hochwürden zugeben werden, das Versuchanstellen über Kapitel geht ins Unendliche — Wir haben schon genug davon, und so mags hierbey beruhn.

Allein bevor ich meine Demonstration anhebe, lassen Sie mich Ihnen nur noch sagen: das Kapitel, welches ich ausgerissen habe, und an welchem Sie sonst, statt diesem, eben gelesen haben würden — war die Beschreibung des Rittes meines Vaters, meines Oncles Toby, Trims und Obadiahs nach der Visitation zu ***.

Wir wollen in der Kutsche hinfahren, sagte mein Vater — Hör' Er, ist das Waapen geändert, Obadiah? — Es würde meiner Erzählung viel Vortheil gethan haben, wenn ich dabey angefangen hätte, Ihnen zu sagen, daß damals, als meiner Mutter Waapen zu dem schandyschen gefügt, und die Kutsche bey meines Vaters Verheyrathung von neuem angemahlt ward, es sich so gefügt hatte, daß der Kutschenmahler, es sey nun, daß er alles mit der linken Hand machte, wie **Turpilius** der Römer, oder **Hans Holbein** von Basel, — oder daß der Fehler mehr an seinem Kopfe als seiner Hand lag, oder war's gar der unglückliche schiefe Gang, welchen alles, was unsre Familie betraf, zu nehmen geneigt war, — genug, es fügte sich so, zu unserer Kränkung, daß anstatt der **Bande**, welche wir seit Heinrich des Achten Zeiten mit Ehren führten, durch eine von diesen Fatalitäten ein **Riemen**

quer

quer durchs ganze Schild des schandyschen Waapens gezogen worden. Kaum sollte man es glauben, daß das Gemüth eines so vernünftigen Mannes, als mein Vater war, sich soviel aus einer solchen Kleinigkeit machen können. Der Name **Kutsche** — gleichviel wessen — oder Kutscher, oder Kutschpferd, oder Kutscherlohn, konnte niemals in seiner Gegenwart ausgesprochen werden, oder er beklagte sich allemal über dieses schändliche Mahlzeichen der Seitenabkunft auf seinen Kutschthüren. Er konnte niemals ein- oder aussteigen, oder er mußte erst die Waapen begucken, und that dann allemal ein Gelübde, das sollte doch das Letztemal seyn, daß er seinen Fuß hineinsetzte, bis aus dem **Riemen** eine **Bande** gemacht wäre. Aber 's ging eben wie bey dem Thürknarren; es war Eins von den vielen Dingen, von welchen auf den Tafeln des **Verhängnisses** geschrieben war: — 's sollte immer vom Aendern und Bessern gesprochen, und — (wie in weisern Familien, als der unsrigen) nie was draus werden.

— Hat der Mahler das Waapen an der Kutsche übergebürstet? sag ich; sagte mein Vater. Die Kutsche inwendig und die Sitzkissen hab' ich rein ausgebürstet, antwortete Obadiah, der Mahler hat nichts gebürstet. Wir wollen reiten, sagte mein Vater zu Yorick — Von allen Dingen in der Welt, die Politik ausgenommen, ist die Heraldick den Geistlichen am wenigsten bekannt, sagte Yorick. Das thut nichts, sagte mein Vater, — ich möchte doch nicht gerne mit einer solchen Sau in meinem Waapenschilde aufziehn. — Was ists denn mehr, ob der breite Strich rechts oder links durchs Schild geht, sagte mein Oncle Toby. Wenn Dir Bande oder Riemen gleichviel ist, so kannst Du mit Tante Dinah und dem Riemen im Waapen, nach der Visitation fahren, wenn Du Lust hast. — Mein armer Oncle Toby ward roth im Gesicht. — Mein Vater ärgerte sich über sich selbst. — Nein, mein lieber Bruder Toby, sagte mein Vater; und änderte den Ton, — sieh nur, wenn ich lange auf den dumpfigen Kutschpolstern säße, da könnt' ich wieder das Hüftweh an den Hals be-

bekommen, als vorigen December, Januar, und Februar — thue mirs also zu gefallen, und reite meiner Frauen ihr Pferd — und da Sie doch predigen sollen, lieber Yorick, so thun Sie wohl am besten, daß Sie voraus reiten — und mich mit meinem Bruder Toby langsam nachfolgen lassen.

Das Kapitel nun, daß ich gezwungen war, auszureissen, war die Beschreibung dieser Cavalcade, bey welcher Korporal Trim, und Kutscher Obadiah auf zwey Kutschpferden in einem Gliede, so langsam als eine Patroll voran ritten — derweile mein Oncle Toby, in seiner gestickten Mondirung und Knotenperucke mit meinem Vater Rang und Reihe hielt, in tiefen Wegen und Untersuchungen über den Vorzug der Lehr- und Wehrkunst, welche die Oberhand gewinnen könnte.

Die Mahlerey aber, in dieser Reise, da ich sie wieder ansehe, hebt sich über den Stiel und die Manier alles Uebrigen, was ich vermögend gewesen bin in diesem Buche zu mahlen,

len, so weit weg, daß es nicht darinn bleiben konnte, ohne jeden andern Auftritt zu verdunkeln; und zugleich das nöthige Ebenmaaß (im Guten oder Schlechten) zwischen Kapitel und Kapitel aufzuheben, woraus die richtige und harmonische Proportion eines ganzen Werks entstehet. Ich selbst habe freylich das Handwerk noch nicht lange genug getrieben, um laut mit zu sprechen — aber, so viel meyn' ich; ein Buch schreiben, ist in der Welt nichts weiter, als einen Gesang so vor sich weg im Bart singen. — Wenn Sie nur in der Melodie bleiben, Madame, Sie mögen hoch oder tief anfangen.

— Das ist, wenn Ew. Hochwürden nicht ungütig vermerken wollen, die Ursache, warum einige der flachsten und schlechtesten Werke — mein Oncle Toby horchte bey dem Wort Werke schon hoch auf — ob nicht mehr von Fortificationen vorkommen würde — als ihm Yorick eines Abends dieses sagte — so guten Abgang finden. Ein Abgang macht den andern natürlich.

Künf=

Künftigen Sonntag, sagte Homena, soll ich vorm Hofe predigen. — Sehn Sie doch einmal meine Noten durch — Ich klimmperte Doctor Homenas Noten über — die Modulatation ist ganz richtig — Sie kommen recht gut weg, Homenas, wenns bey dem Gange bleibt — so klimmperte ich weiter — und für eine erträgliche Arie hielt ichs; und bis auf diese Stunde, meine Hoch- und Sehrehrwürdige Herren, würde ich nicht gemerkt haben, was für ein plattes, schaales, laues nüchternes Geleire es war, hätte nicht mitten darinnen ein melodischer Schwung hervor geragt, der so fein, so himmlisch, so treffend war — daß er mich mit sich in die andre Welt erhob; und hätt' ich nur (wie Montaigne bey einer ähnlichen Gelegenheit klagt) hätt' ich nur die Höhe nicht gar zu steil gefunden — ich wäre überschnellet worden; — Ihre Noten, Homenas, würd' ich gesagt haben, sind gute Noten. — Aber der Abgrund war so bleyrecht steil — so gänzlich vom Uebrigen des Werks abgeschnitten, daß ich bey dem ersten Tackte dieser Stelle gleich fühlte, daß ich gen Himmel flog, und von da entdeckte

ich

ich das Thal, woher ich gekommen, und fand es so niedrig, wüste und leer, daß mir nie die Lust wieder ankommen wird, hinein zu steigen.

☞ Ein Zwerg, der eine Meßstange holt, um seine eigne Grösse daran zu messen — der ist, auf mein Wort, in mehr als einer Hinsicht ein Zwerg. Das sey genug vom Ausreissen der Kapitel gesagt.

Sechs und zwanzigstes Kapitel.

— Seht nur, schneidet ers nicht in lauter Fidibus und theilts herum, die Pfeiffen damit anzuzünden! 'S ist schändlich, antwortete Didius; das sollte ihm billig nicht so frey hingehn, sagte Doktor Kysarcius. NB. Er war einer von den Kysarciis aus den Niederlanden.

Mich däucht, sagte Didius, wobey er halb vom Stuhle aufstund, um eine grosse Kanne und kleine Weinflasche wegzurücken, die in gerader Linie zwischen ihm und Yorick stunden —

den — diesen satyrischen Streich hätten Sie hier wohl unterlassen, Herr Yorick, und an einem andern Orte — bey einer schicklichern Gelegenheit wenigstens, ihre Verachtung über unsre abgelegte Verrichtung anbringen mögen. Wenn die Predigt nichts Bessers werth ist, als die Pfeiffe dabey anzuzünden, mein Herr, so war sie gewiß nicht gut genug, vor einer so gelehrten Versammlung gehalten zu werden; und war sie gut genug, vor einer so gelehrten Versammlung gehalten zu werden, mein Herr, so war sie gewiß zu gut, daß Sie hernach Ihre Pfeiffe dabey anzünden sollten.

Ich habe ihn, sagte Didius bey sich selbst, zwischen den beyden Hörnern meines Dilemma in der Klemme. An einem muß er hängen bleiben. Laß ihn sehn, wie er sich loshilft.

Die Geburt dieser Predigt, sagte Yorick, über diese Gelegenheit, hat mir so unsägliche Schmerzen gekostet, daß ich Ihnen betheure, Herr Didius, lieber will ich — und wo möglich, mein Gaul mit mir — tausendmal die Märtyrerkrone verdienen, als mich noch

ein:

einmal hinsetzen, und eine ähnliche machen. Ich bin am verkehrten Ende davon entbunden. Sie ging mir vom Kopfe ab, und sollte vom Herzen — und wegen der Wehen, die sie mir sowohl im Aufschreiben als im Predigen gemacht hat, räche ich mich auf diese Weise an ihr. Zu Predigen, um den Umfang unsrer Belesenheit, oder die Feinheit unsers Witzes zu zeigen; vor den Augen des grossen Haufens mit seinem Bißgen von Gelehrsamkeit, das mit einigen schimmernden Worten, die aber wenig Licht und noch wenig Wärme enthalten, überfirnißt ist, einen Pracherstaat treiben — ist eine unredliche Verwendung der armseligen einzigen halben Stunde, die man uns wöchentlich einräumt. Das heißt nicht das Evangelium, das heißt sich selbst predigen. — Ich meines Theils, fuhr Yorick fort, ich möchte lieber fünf Worte so schußgrade ans Herz — Als Yorick das Wort Schußgrade aussprach, stund mein Oncle Toby auf, um etwas über die Brustwehren zu sagen, — als ein einziges Wort, und nicht mehr, das sich an der andern Seite des Tisches hören ließ, aller Ohren auf sich zog.

Ein

Ein Wort, das man unter allen im besten Wörterbuche, am wenigsten an diesem Orte erwarten sollen. Ein Wort, das ich mich schäme zu schreiben — aber geschrieben — gelesen werden muß; — illegal — paradox — spekuliren Sie auf zehn tausend Spekulationen, in sich selbst multiplicirt — recken und strecken Sie Ihre Einbildung so viel Sie wollen, Sie kommen nicht vom Fleck. — Kurz, im nächsten Kapitel will ichs sagen.

Sieben und zwanzigstes Kapitel.

Blitz! ——— ——— ——— ——— ——— ——— ——— ——— ——— ——— ——— ——— B——tz! rief Phutatorius halb leise, aber doch so laut, daß es überall gehört wurde, und das Seltsame dabey war, daß es mit einer Miene im Gesicht und mit einem Tone in der Stimme ausgesprochen ward, die Etwas zwischen einem Manne im Erstaunen, und von einem, in körperlichen Schmerzen, anzeigten.

Einer oder zweene, die sehr helle Ohren hatten, und das verschmolzene Verhältniß der

der beyden Töne eben so deutlich unterscheiden konnte, als eine Terzie oder Quinte oder jeden andern Klang in der Musik — wußten am allerwenigsten, was sie daraus machen sollten. Der Accord war an sich gut — gehörte aber zu einer weitentlegnen Tonart; war nicht durch die vorhabende Materie präparirt; — Kurz, mit aller ihrer Gelehrsamkeit sassen sie da!

Andre, welche nichts von musikalischen Verhältnissen wußten und bloß ihr Ohr auf den Sinn des Worts wendeten, dachten, Phutatorius, der ein wenig cholerischen Temperaments war, wollte sogleich das Klopfschwerdt aus Didius Hand nehmen, um Yorick so tüchtig Eins auf die Krone zu geben — und daß das verzweifelte Wörtlein B—tz, das Exordium zu einer Oration wäre, welche, wie sie nach dem Probestahl urtheilten, ihm eine unsanfte Behandlung ankündigte: so, daß meines Oncle Toby's gutes Herz schon Angst für ihn fühlte, was er nicht würde aushalten müssen. Als man aber sahe, daß Phutatorius schwieg, ohne Lust zu zeigen oder einen

einen Versuch zu machen, fortzufahren: so fing eine dritte Parthie an zu glauben, daß es nichts weiter gewesen, als ein unfreywilliges Athemschöpfen, welches so ganz von selbst und von Ungefähr in einen Bettelfluch zusammengefahren wäre — ohne die Eigenschaft oder Sünde desselben zu haben.

Andre, und besonders Einer oder Zweene, welche dicht bey ihm sassen, betrachteten es hingegen als einen wirklichen und wesentlichen Fluch, der mit Fleiß und Bedacht gegen Yorick ausgestossen worden, gegen den er bekanntermaassen nicht gut gesinnt war — welch besagter Fluch, nach meines Vaters Schlüssen darüber, schon in dem Augenblicke ganz geprickelt und prall in Herrn Phutatorius Gallenblase obenaufgeschwommen, und also, natürlicher Weise, und nach dem gewöhnlichen Laufe der Dinge, auf den ersten Zurückfluß des Blutes hervorgeworfen werden mußte, der in Phutatorius rechten Herzkammer durch den überraschenden Stoß, den eine so sonderbare Predigertheorie ihm beybrachte, entstund.

Wie witzig wir doch über mißverstandene Begebnisse philosophiren können!

Es war keine Seele, die sich nicht in ihren Gedanken über das einsilbige Wort, das dem Phutatorius entfahren, beschäftigte — die es nicht für bekannt annahm, und daraus als aus einem Vordersatz folgete, daß nemlich Phutatorius in seinen Gedanken mit dem Zwiste beschäftigt sey, der zwischen Didius und Yorick entstanden. Und freylich, da er erst den Einen und dann den Andern mit der Miene eines Mannes ansah, der darauf achtet, was in der Gesellschaft vorgeht: so hätte man nicht anders denken sollen. — In der That aber, wußte Phutatorius kein Wort von Allem was vorging; sondern seine Gedanken und seine Aufmerksamkeit waren gänzlich auf das gerichtet, was in eben dem Augenblicke in der Gegend seiner Pluderhosen, und zwar an einer Stelle in denselben vorging, die er vor bösen Zufällen zu bewachen die höchste Ursach hatte. Deswegen, ob er gleich das aufmerksamste Gesicht von der Welt machte, und allmählig jede Nerve und

je-

jeden Muskel in seinem Gesichte so scharf aufgezogen hatte, als das Instrument es nur aushalten wollte, um, wie man dafür hielt, dem Yorick, der gegen ihm über saß, eine derbe Antwort zu versetzen — so war doch, wie ich sage, kein Yorick in irgend einem von den Gemächern in Phutatorius Gehirne anzutreffen; — sondern die wahre Ursache seiner Ausrufung lag wenigstens etliche Fuß tiefer.

Ich will mich bemühen, Ihnen dieses mit aller ersinnlichen Züchte zu erklären.

Sie müssen sich also berichten lassen, daß Gastripheres, der kurz vorher, ehe man sich zu Tisch setzte, ein wenig in die Küche ging, um zu sehn, wie es darinn stünde — und auf der Anrichtebank einen Korb mit schönen Kastanien erblickte — befohlen hatte, daß sie ein Paar Hundert davon braten und solche gleich beym Nachtische heiß aufsetzen sollten. Gastripheres gab seinem Befehle dadurch noch einen grössern Nachdruck, daß er sagte, Didius, und besonders Phutatorius wären davon starke Liebhaber.

Ungefehr zwo Minuten vorher, eh' mein Oncle Toby Yoricks Rede unterbrach — wurden Gastripheres Kastanien hereingebracht; — und da es dem Aufwärter noch im frischen Andenken war, daß Phutatorius sie so gerne möchte, so setzte er solche dichte vor ihm hin, auf einem Teller in einem saubern damastenen Tellertuch.

Lag es nun an der physischen Unmöglichkeit, daß nicht ein halb Dutzend Hände zugleich in das Tellertuch fahren konnten — oder es müßte eine oder die andre Kastanie, von mehr Feuer und Ründe, als die übrigen, in Bewegung gerathen — oder — Kurz so wars — eine rollte über den Tisch und herunter — und da Phutatorius mit aus einander gesperrten Knieen darunter saß — so fiel solche senkrecht in die ganz eigne Oefnung in Phutatorius Beinkleidern, für welche ich, zur Schande unsrer Sprache, oder auch meines Gedächtnisses sey es gesagt, kein keusches Wort finden kann. Sie müssen sich damit begnügen, wenn ich sage, es war die ganz eigne Oefnung, welche den strengen Wohl-

stands-

standsgesetzen in allen hübschen Gesellschaften zufolge, gleich dem Tempel des Janus [in Friedenzeiten wenigstens] völlig geschlossen seyn soll.

Die Verabsäumung dieser Vorsicht [welches zugleich dem Phutatorius und allen Menschenkindern eine Warnung seyn mag] hatten dem Zufall eine Pforte eröfnet. —

Zufall, sag' ich, nach dem angenommen Sprachgebrauche — Nicht aber als einen Widerspruch der Meynung, die Acrites oder Mythogeras über diese Sache hegten. — Ich weiß gewiß, sie waren davon eingenommen und völlig überzeugt — und sinds noch bis auf diese Stunde, daß bey der ganzen Begebenheit nichts Zufälliges gewesen — sondern, daß der eigentliche Lauf der Kastanie und seine Richtung, und ihr nachheriges Fallen mit ihrer ganzen Hitze, grade auf eben die eigentliche Stelle, und keine andre — ein wahres Gericht sey, daß über den Phutatorius wegen der schmutzigen und obscönen Abhandlung, *de Concubinis retinen-*

 dis,

dis, ergangen, welche Phutatorius vor zwanzig Jahren hatte drucken lassen — und von welcher er grade in derselbigen Woche der Welt eine zwote Auflage geben wollte.

Es ist nicht meines Thuns, meine Feder in diese Streitigkeit zu mischen. — Es läßt sich unstreitig eine Menge von beyden Seiten der Frage sagen — Alles, was mir als Geschichtschreiber obliegt, ist das Begebniß darzustellen, und es dem Leser glaublich zu machen, daß der Hiatus in Phutatorius Beinkleidern geräumig genug war, die Kastanie aufzunehmen; — und daß die Kastanie, auf eine oder die andere Weise, senkrecht und zischend heiß hinein fiel, ohne daß Phutatorius oder sonst jemand es damals gewahr geworden.

Die natürliche Wärme, welche die Kastanie verbreitete, war die ersten zwanzig bis fünf und zwanzig Sekunden nicht unangenehm, und that weiter nichts, als Phutatorius Aufmerksamkeit allmählig nach der Stelle zu ziehen. Wie aber die Hitze gradweis zu nahm, und in einigen Sekunden mehr über den Punkt der

ange-

angenehmen Empfindungen hinausging, und darauf mit aller Eile in das Gebiet der Schmerzen drang — da tummelte sich Phutatorius Seele mit allen seinen Ideen, seinen Gedanken, seiner Aufmerksamkeit, seiner Imagination, seinem Verstande, seinen Entschliessungen, seinen Ueberlegungen, seinem Urtheile, seinem Gedächtnisse, seiner Phantasie, mit zehn Battaillon Lebensgeistern über Hals und Kopf durch verschiedene Wege und Steige hinunter nach dem Orte, dem die Gefahr drohte, und liessen alle seine obern Plätze, wie Sie sich vorstellen können, so leer, als mein Geldbeutel.

Nach den besten Berichten, die ihm alle diese Bothen zurück zu bringen vermochten, war Phutatorius nicht im Stande, das Geheimniß einzusehn, was unten vorginge; er konnte auf keine Art von Vermuthung fallen, was zum Henker es wohl seyn möchte. Indessen, da er nicht wußte, wie die wahre Ursach ausfallen möchte, hielt ers in den Umständen, worinn er war, fürs Klügste, es, wo möglich, wie ein Stoiker zu ertragen, welches er auch, mit Hülfe einiger Zuckungen im Gesicht und einigem Maulspitzen, glücklich durchgesetzt hätte, wenn nur seine Einbildung aus dem Spiel geblieben wäre. — Aber bey Dingen von dieser Art ist die Brunst der Einbildung unbezähmlich — es hub sich plötzlich ein Gedanke in seinem Gemüthe, daß, ob es gleich einem Schmerz, als von glühender Hitze ähnlich sey — es dennoch wohl eben so gut ein Biß, als Brand seyn könnte; und wenn dem so, auch wohl ein Eider oder Otter, oder ander häßliches Ungezieser heraufgekrochen seyn könnte, welches seine Zähne — der gräßliche Gedanke daran, und ein frischer Stich von Schmerzen, den ihm den Augenblick die Kastanie verursachte, überfielen Phutatorius mit einem plötzlichen Schrecken, und in der ersten Ueberrumpelung und Bestürzung brachte es ihn — wie es wohl den besten Generälen auf der Welt ergangen ist — gänzlich aus seiner Fassung. — Die Wirkung davon war, daß er gleich aufsprang, und im Aufspringen die Sylbe ausstieß, worüber schon so viel gesprochen ist, mit dem Abbrechzeichen darhinter, vorgestellt wie hier B—tz—, welches, obgleich

nicht

nicht so völlig geistlich anständig, doch immer noch so wenig war, als nur ein Mensch bey der Gelegenheit sagen können — und welches auch, nebenher angemerkt, geistlich wohlanständig oder nicht — Phutatorius eben so wenig, als die Veranlassung desselben, in seiner Gewalt hatte.

Ob dieß nun gleich beym Erzählen einige Zeit weggenommen hat, so nahm doch der ganze Vorgang selbst wenig mehr Zeit weg, als Phutatorius brauchte, die Kastanie hervor zu langen, und solche mit Heftigkeit auf den Fußboden zu werfen — und Yorick von seinem Stuhle aufzustehen, und die Kastanie aufzuheben.

Es ist der Mühe werth, zu bemerken, was für mächtigen Einfluß geringfügige Umstände auf das Gemüth haben: von was für einem unglaublichen Gewichte sie bey der Bildung und Richtung unsrer Meynungen, sowohl von Menschen als Sachen sind — daß Kleinigkeiten, so leicht als die Luft, einen Glauben in die Seele führen, und ihn darinn so unbeweg-

sich fest pflanzen können — daß, könnte man auch von euclidischen Demonstrationen eine Breschenbatterie davor errichten, solche doch nicht vermögend seyn würde, ihn heraus zu kanoniren.

Yorick, sagt' ich, nahm die Kastanie auf, die Phutatorius im Zorn niedergeworfen hatte, — die That war unerheblich — ich schäme mich, Red' und Antwort davon zu geben. — Er that es aus keiner andern Ursach, als weil er dachte, die Kastanie sey, trotz der Begebenheit, noch eben so gut als vorhin — und eine gute Kastanie sey immer des Aufnehmens werth. — Dieser Umstand aber, so geringfügig er war, wirkte in Phutatorius Kopfe ganz anders. Er betrachtete Yoricks Handlung, da er vom Stuhle aufstund und die Kastanie aufnahm, als ein deutliches Geständniß seiner Seits, daß die Kastanie eigentlich ihm gehöre — und folglich, daß es der Eigner der Kastanie, und sonst niemand gewesen seyn müßte, der ihm damit einen solchen Possen gerissen hätte. Was ihn in dieser Meynung sehr bestärkte, war dieß, die

Ta=

Tafel war länglicht und sehr schmal, und Yorick, der dem Phutatorius grade gegen über saß, hatte die schönste Gelegenheit, die Kastanie hineinzuschlupfen — und folglich, mußte er es gethan haben. Ein mehr als bloß argwöhnischer Blick, den Phutatorius so grade auf Yorick warf, als ihm der Gedanke aufstieg, sagte diese Meynung zu klar — und da man natürlicher Weise voraussetzte, daß Phutatorius mehr von der Sache wüßte, als sonst jemand, so ward seine Meynung flugs die allgemeine; und aus einer, von allen bisher angeführten sehr verschiedenen Ursach — hielt man es in sehr kurzer Zeit für völlig ausgemacht.

Wenn auf dem Schauplatze dieser sublunarischen Welt grosse und unerwartete Begebenheiten vorgehn, so thut das menschliche Gemüth, welches ein sehr wißbegieriges Wesen ist, ganz natürlicher Weise einen Flug hinter die Vorhänge, um zu sehn, was wohl davon die Ursach und erste Triebfeder seyn mag — Bey diesem Vorfalle dauerte das Suchen nicht lange.

Es war wohl bekannt, daß Yorick niemals die Abhandlung, die Phutatorius *de Concubinis retinendis* geschrieben, hatte loben wollen, als eine Schrift, wovon er fürchtete, daß sie Unheil in der Welt stiftete; — und es ward leicht ausfindig gemacht, daß in Yoricks Posse eine mistische Bedeutung stecke, und daß er durch das Hineinschlupfen der heissen Kastanie in Phutatorius ***, — *** seinem Buche einen satyrischen Hieb habe versetzen wollen — dessen Lehren, wie sie sagten, schon manchen ehrlichen Mann an eben der Stelle in Hitze gesetzt hätten. Der Einfall weckte Somnolentius aus dem Schlafe — brachte Agelastes zum Lächeln — und wenn Sie sich genau den Blick und die Miene eines Menschen vorstellen können, der ein Räthsel errathen will — so sehn Sie Gastripheres vor sich — und kurz, man hielt es fast durchgängig für einen erzwitzigen Meisterstreich.

Dieß, wie der Leser vom Anfang bis Ende gesehn hat, war so grundlos, als die Träume der Philosophie; Yorick war freylich, wie Shakespear von seinem Urahnen sagte: „ein „Mann

„Mann der Kurzweile trieb,„ aber seine Kurzweile war mit Etwas vermischt, das ihn sowohl von diesem, als manchem andern beleidigenden Possen abhielt, davon er unverdienter Weise die Nackenschläge hatte. — Aber all' sein Lebelang hatt' er das Unglück, daß man ihm tausend Dinge zur Last legte, die er gesagt oder gethan haben sollte, deren seine Natur [oder meine Hochachtung blendet mich] unfähig war. Alles, was ich an ihm tadle — oder vielmehr, weswegen ich ihm bald tadle, bald liebe, war seine eigne Gemüthsart, die ihm niemals zuließ, sich Mühe zu geben, die Welt aus dem Traume zu helfen, so sehr es auch in seiner Gewalt stund. Bey jeder üblen Nachrede von der Art machte ers gerade eben so, als bey der Geschichte mit seinem magern Klepper. — Er hätte es zu seiner Ehre an den Tag legen können, aber sein Sinn war weit darüber weg — und überdem sah er auf den Erfinder, Verbreiter und gläubigen Hörer solcher boshaften und ehrenrührigen Sagereyen — er konnte sich nicht so tief herablassen, ihnen seine Geschichte zu erzählen — und so erwar-

tete ers von der Zeit und Wahrheit, daß dies es für ihn thun würden.

Diese heroische Gesinnung zog ihm mancherley Unbequemlichkeiten zu — bey der gegenwärtigen Geschichte folgte darauf eine rachsüchtige Feindschaft des Phutatorius, der, wie Yorick eben mit seiner Kastanie fertig war, zum Zweytenmale vom Stuhle aufstund, um es ihm zu verstehn zu geben; — welches er dann freylich mit einem Lächeln that; und nur sagte — er wolle darauf bedacht seyn, ihm die Gefälligkeit nicht zu vergessen. Allein Sie müssen zwey Dinge sorgfältig unterscheiden, und in Ihrem Herzen bewahren.

— Das Lächeln galt der Gesellschaft.

— Die Drohung galt Yorick.

Acht und zwanzigstes Kapitel.

— Können Sie mir nicht sagen, sprach Phutatorius zu Gastripheres, der am nächsten bey ihm saß —' denn wegen einer so närrischen Sache mochte man nicht gerne

gerne zum Wundarzte schicken — können Sie mir nicht sagen, Gastripheres, was wohl am besten den Brand auszieht? — Fragen Sie Eugenius, sagte Gastripheres. — Das kommt sehr darauf an, sagte Eugenius, der sich stellte, als ob er den Vorfall nicht wüßte, aus welchem Theile — wenn es ein zarter Theil ist, und ein Theil, der füglich eingewickelt werden mag — 'S ist beydes, versetzte Phutatorius, und legte seine Hand, indem ers sagte, mit einem nachdrücklichen Kopfnicken auf den Theil, wovon die Rede war, und hob sein rechtes Bein in die Höhe, um ihm Luft und Erleichterung zu verschaffen. — Wenn das ist, sagte Eugenius, so wollte ich Ihnen wohlmeynend rathen, Herr Phutatorius, nicht damit zu quacksalbern: sondern schicken Sie nur nach der nächsten Buchdruckerey, und lassen Sie Ihre Kur auf nichts weiter ankommen, als bloß auf einen Bogen Papier, der eben frisch aus der Presse kommt. — Sie brauchen ihn nur darum zu legen. — Das feuchte Papier, sagte Yorick, der zunächst bey seinem Freunde Eugenius saß, hat zwar, so viel ich weiß, etwas Kühlendes und Erfrischendes — ich denke doch aber, daß es nur bloß das Vehikulum ist; und daß es der aus Oel und Kühnrus bestehende Firniß thut, womit das Papier so stark angeschwängert ist. — Richtig, sagte Eugenius, und ist von allem äusserlich aufzulegenden Mitteln, die ich anrathen möchte, das sicherste und linderndste.

Wär' ich an Ihrer Stelle, sagte Gastripheres, da es doch hauptsächlich auf das Oel und den Kühnrus ankommt, so schmierte ich solche dick auf einen Lumpen, und legte es so gerade darauf. Das wäre des Teufels sein Gesalbe, erwiederte Yorik. — Und würde überdem, fügte Yorick hinzu, auch nicht die Absicht erreichen, welches die ausserordentliche Reinlichkeit und Sauberkeit des Recepts ist; welche nach der Meynung der Aerzte schon halb und halb die Kur selbst ausmacht. — Denn sehn Sie nur, wenn es eine sehr kleine Schrift ist (und das wird erfodert) so haben die heilenden Partikeln, welche auf diese Weise die kranke Stelle berühren, den Vortheil, daß sie so unendlich dünn, und mit so mathematischer Gleichheit aufgetragen sind (Anfangstitel und grosse Anfangsbuchstaben ausgenommen) wohin man es mit keiner Kunst oder Salbenspatel bringen kann. Es trift sich ja recht glücklich, erwiederte Phutatorius, daß eben die zwote Auflage von meiner Abhandlung, *de Concubinis retinendis* unter der Presse ist. — Sie können einen Bogen davon nehmen, welcher es auch sey, sagte Eugenius. Ja wohl, sagte Yorick, nur müssen keine Zoten darauf vorkommen.

Sie haben eben das neunte Kapitel eingehoben — welches das Vorletzte des Buchs ist. Wie heißt der Titel des Kapitels, wenn ich bitten darf? sagte Yorick, und machte dem Phutatorius dabey eine Verbeugung — Ich glaube, antwortete Phutatorius, *de re concubinaria.*

Ums Himmelswillen, bleiben Sie aus dem Kapitel, sagte Yorick.

— Wenn Sie sich wollen rathen lassen, setzte Eugenius hinzu.

Neun und zwanzigstes Kapitel.

Ja, sagte Didius, indem er aufstund und seine rechte Hand mit ausgespreiteten Fingern auf seine Brust legte — wäre ein solches Versehen mit dem Taufnamen vor der Reformation gemacht (es war Vorgestern da es gemacht wurde, sagte mein Oncle Toby bey sich selbst) da noch der Taufactus in Latein gehalten ward — (nein, 's war in der Muttersprache, sagte mein Oncle) so hätte vielerley dabey vorgehn können, und nach dem Beyspiele verschiedener decretirten Fälle hätte die Taufe für null und nichtig erklärt, und die Macht ertheilt werden mögen, dem Kinde einen neuen Namen zu geben — hätte zum Exempel ein Priester, welches wegen Unwissenheit in der lateinischen Sprache so unerhört eben nicht war, Hans Graubarts Kind getauft: *in nomino patriæ & filiæ & spiritum sanctos* — so wäre die Taufe

für

für ungültig gehalten worden — Um Vergebung, erwiederte Kisarcius — in dem Falle wäre, da das Versehen nur in den Endungen steckte, die Taufe gültig geblieben — und um sie ungültig zu machen, hätte der Fehler des Priesters auf die erste Sylbe eines jeden Namens fallen müssen, und nicht wie in Ihrem Beyspiele, auf die letzte.

Mein Vater fand seines Herzens Freude an dergleichen Subtilitäten, und hörte mit unendlicher Aufmerksamkeit zu.

Gastripheres, zum Beyspiele, fuhr Kisarcius fort, tauft Hans Strodlings Kind, *in Gomine gatris &c. &c.* anstatt *in Nomine patris* u. s. w. heißt das eine Taufe? Nein — sagen die geschicktesten Kanonisten, um so weniger, weil die Wurzel eines jeden Wortes aufgerissen, und ihr Sinn und Meynung auf einen entfernten und ganz andern Gegenstand verpflanzt worden. Denn *Gomine* heißt eben so wenig ein Name, als *gatris* eines Vaters — was heissen sie denn?

 sagte

sagte mein Oncle Toby. — Gar nichts — sagte Yorick — *Ergo*, sagte Kisarcius, ist eine solche Taufe ungültig. Wie zu erweisen war, antwortete Yorick, in einem Tone von zwey Theil Scherz und einem Theil Ernst.

In dem angeführten Falle aber, fuhr Kisarcius fort, wo *patrim* statt *patris*, *filia* statt *filii* u. s. w. gesagt wird: so ist das nur ein Fehler in der Umendung, und die Wurzeln der Worte bleiben unangetastet, und ihre Aeste, hierhin oder dorthin, können der Taufe nicht hindern, um so weniger, da in den Worten derselbige Sinn bleibt, wie vorher — denn aber muß die Intention des Priesters bewiesen werden, daß er die Worte habe recht aussprechen wollen. — Ganz recht, antwortete Kisarcius, und davon, mein lieber Herr Amtsbruder Didius, haben wir einen ähnlichen Fall in einem Decrete der Decretalien des Pabstes Leo des Dritten. — Meines Bruders Kind, rief mein Oncle Toby, hat ja aber nichts mit den Pabste zu schaffen. Es ist ja erwiesner

Maassen

Maassen das Kind eines protestantischen Mannes, das man Tristram getauft hat, gegen Wunsch und Willen seines Vaters, seiner Mutter, und aller übrigen Blutsverwandten.

Wenn nur der Wunsch und Wille, sagte Kisarcius, und fiel meinem Oncle Toby in die Rede, derer ein Gewicht haben soll, die mit Herrn Schandy's Kinde in Blutsverwandschaft stehen, so kommt Madame Schandy unter allen Menschen doch dabey am wenigsten in Betrachtung — Mein Oncle Toby legte seine Pfeiffe nieder, und mein Vater rückte mit seinem Stuhle noch näher an den Tisch, um das Ende einer so seltsamen Einleitung zu hören.

Es ist nicht nur, mein Herr Capitain Schandy, unter den besten Rechtslehrern und Advokaten des Landes, (*) fuhr Kisarcius fort, die Frage aufgeworfen worden, „ob die Mutter mit ihrem Kinde in

 „Bluts=

(*) Vide Swinborn in Testamento. Part. 7. §. 8.

„Blutsverwandschaft steht:„ sondern sie ist würklich nach vielen unpartheyischen Untersuchungen, und Hin- und Widerreden darüber — verneinend entschieden — nämlich: „(*) daß die Mutter keine Bluts-„verwandtinn ihres Kindes sey.„ Mein Vater legte den Augenblick seine Hand auf meines Oncle Toby's Mund, unter dem Scheine, als ob er ihm etwas ins Ohr lispelte — in der That aber, weil er sein Maulpfeifen fürchtete — und da er herzliche Lust hatte, über einen so hübschen Vorwurf noch mehr zu hören, so bat er meinen Oncle Toby, er möchte sie ihm doch ums Himmelswillen nicht verderben. — Mein Oncle Toby nickte mit dem Kopfe, und begnügte sich damit, daß er seinen Regimentsmarsch in Gedanken pfiff. Kisarcius, Didius und Triptolemius fuhren mit dem Gespräche fort, wie folget.

Diese Entscheidung, sprach Kisarcius weiter, so sehr sie auch gegen den Strom der allge-

(*) Vid. Brook Abridg. Tit. Administr. N. 47.

gemeinen Meynung an zu schwimmen scheinen mag, hat sie dennoch die Vernunft sehr auf ihrer Seite; und ist durch den berühmten Rechtsfall, der nach dem Herzog von Suffolk genannt wird, ausser allen möglichen Zweifel gesetzt worden; **Brook** führte ihn an, sagte Triptolemius — und Lord Coke erwähnt seiner gleichfalls, fügte Didius hinzu. — Sie können ihn auch im Swinborn von Testamenten finden, sagte Kisarcius.

Der Rechtshandel, Herr Schandy, war dieser:

Unter der Regierung Eduard des Sechsten, machte **Carl**, Herzog von **Suffolk**, der aus dem zweyten Bette einen Sohn und aus dem ersten eine Tochter hatte, seinen letzten Willen, worinn er seine Güter dem Sohn vermachte und darauf starb; nach ihm starb der Sohn gleichfalls — aber ohne Testament, ohne Weib und ohne Kind. — Seine Mutter und seine Schwester von Vatersseite, (denn sie war aus der ersten Ehe) überlebten ihn.

 Die

Die Mutter übernahm die Administration von ihres Sohnes Gütern, zufolge des 21sten Artikels der Statuten Heinrich des Achten, worinn es heißt: „Wenn jemand stirbt, ohne „ein Testament zu hinterlassen, so soll die „Administration seiner Güter der Person an„heimfallen, die mit ihm im nächsten Grade „der Blutsverwandschaft steht.„

Da also die Administration der Mutter (*supreptitie*) zügestanden worden, machte die Schwester von väterlicher Seite vor dem geistlichen Gerichte eine Klage anhängig, worinn sie anführte: 1) daß sie selbst die nächste Blutsverwandtinn sey; und 2) daß die Mutter mit dem Erblasser in gar keiner Blutsverwandschaft stünde, und daher bat sie das Gericht, daß solches die der Mutter zugesprochne Administration widerrufen, und ihr, vigore des besagten Artikels, als nächster Blutsverwandtinn möge zu geurthelt werden.

Hierüber wurden, weil es ein wichtiger Proceß war, an dessen Ausgange viel gelegen,

gen, — und in der Folge ein mancher wichtiger Rechtshandel darnach entschieden werden möchte, — die gelehrtesten Männer, sowohl in den Rechten des engländischen Reichs, als im Römischen Rechte consulirt, ob die Mutter eine Blutsverwandtinn ihres Kindes sey, oder nicht? Worüber denn nicht nur die weltlichen, sondern auch die geistlichen Rechtslehrer, die *Juris consulti*, — die *Juris prudentes*, die Civilisten — die Advokaten — die Commissarien, die Richter der Consistorial- und Prärogativ-Gerichte zu York und Canterbury, nebst den Doktoren und Licentiaten alle einstimmig der Meynung waren: die Mutter sey keine Blutsverwandtinn ihres Kindes. (*)

Und was sagte die Herzoginn von Suffolk dazu? sagte mein Oncle Toby.

Das Unerwartete bey meines Oncle Toby's Frage, machte den Kisarcius verwirrter, als der

(*) Mater non numeratur inter consanguines, Bald. in ult. C. de Verb. signisis.

der geschickteste Advokat hätte thun können: — Er schwieg eine völlige Minute, und sah meinem Oncle Toby starr ins Gesichte, ohne zu antworten. — Und in der einzigen Minute warf ihn Triptolemius hinter sich, und führte den Reihen, wie folget:

In den Rechten ist es ein Grundsatz, sagte Triptolemius, daß die Dinge darinn nicht aufsteigen, sondern absteigen; und ich zweifle nicht, daher muß es geleitet werden, daß, so wahr es ist, daß das Kind vom Blute und Saamen der Aeltern seyn mag, — dennoch die Aeltern nicht von seinem Saamen und Blute sind; um so mehr, da die Aeltern nicht von dem Kinde gezeugt werden, sondern das Kind von den Aeltern. Denn so steht geschrieben: *Liberi sunt de sanguine Patris et Matris, sed Pater et Mater non sunt de sanguine librorum.*

Das beweiset aber zu viel, rief Didius — denn nach dieser angeführten Autorität würde nicht blos das folgen, was in der That von

allen

allen Seiten zugestanden wird, daß die Mutter keine Blutsverwandtinn ihres Kindes ist, — sondern der Vater eben so wenig. — Es wird auch für die beste Meynung gehalten, sagte Triptolemius; weil der Vater, die Mutter und das Kind, ob es gleich drey Personen sind, dennach nur (una caro (*)) ein Fleisch ausmachen, und folglich keinem Grad von Verwandtschaft ausmachen, — oder in der Natur erlangen können. — Da treiben Sie Ihren Beweiß abermal zu weit, rief Didius; — denn in der Natur ist kein Verbot, obgleich im levitischen Gesetze, daß jemand mit seiner Großmutter ein Kind zeugen könne — in diesem Falle, angenommen, daß es eine Tochter wäre, stünde sie in Verwandtschaft, sowohl mit — Wer hat aber wohl jemals darauf gedacht, seine Großmutter zu beschlafen? rief Kisarcius. Der Jüngling, von dem Helden erzählt, sagte Yorick, der nicht allein darauf dachte, sondern sein Vorhaben bey seinem Vater mit der Wiedervergel-

(*) Vide Brook Abridg. tit. Administr. N. 47.

geltung rechtfertigte: „Sie schliefen bey mei=
„ner Mutter, Papa,„ sagte der junge Mensch
— „Warum sollte ich nicht bey Ihrer schla=
„fen?„ Das ist das Argumentum commune, setzte Yorick hinzu. — 'S ist so gut, sagte Eugenius, und nahm seinen Hut in die Hand, als Sie's verdienen.

Die Gesellschaft brach auf.

Dreyßigstes Kapitel.

— Nun, sagte mein Oncle Toby, der sich auf Herrn Yorick stützte, welcher ihm mit meinem Vater gemächlich die Treppen hinunter half, — [Erschrecken Sie nur nicht, Madame, dieses Treppengespräch ist nicht so lang, als das Vorige. —] Nun, lieber Herr Yorick, sagte mein Oncle Toby, auf welche Art ist denn endlich die Sache mit Tristram von diesen gelehrten Männern entschieden? Sehr hinlänglich, versetzte Yorick. Kein Sterblicher hat was damit zu schaffen, mein lieber Herr Capitain — denn Madame

Schandy,

Schandy, die Mutter, ist nichts weniger als seine Blutsverwandtinn — und da doch die mütterliche Seite die sicherste ist — so ist folglich Herr Schandy ihm noch weniger, als nichts — Kurz, er ist nicht so nahe mit ihm verwandt, Herr, als ich —

— Das kann wohl seyn, sagte mein Vater mit Kopfschütteln.

— Laß die Gelehrten sagen, was sie wollen, es muß doch gewiß eine Art, sagte mein Oncle Toby, von Blutsfreundschaft zwischen der Herzoginn von Suffolk und ihrem Sohne gewesen seyn. —

Die Ungelehrten sind, sagte Yorick, noch bis auf diese Stunde eben der Meynung.

Ein und dreyßigstes Kapitel.

Ob mein Vater gleich von den Subtilitäten dieser Unterredung mächtig gekitzelt ward — so gings doch damit wie mit der

Salbe

Salbe auf einem geschellerten Knochen. Sobald er zu Hause gekommen, fiel die Last seiner Betrübniß desto schwerer auf ihn zurück, wie's immer zu gehn pflegt, wenn der Stab worauf wir uns lehnten, ausweicht. Er gerieth ins Nachdenken, — ging häufig nach dem Fischteiche, — ließ eine Krempe von seinem Hute nieder, — seufzte zum öftern, — fuhr niemand mehr hitzig an, und da die schnellen Anwandlungen des Zorns, welche einen Menschen so auffahren lassen, so sehr die Ausdünstung und Verdauung befördern, wie Hippocrates sagt — so wäre er gewiß aus Mangel derselben krank geworden, wenn nicht noch eben zu rechter Zeit seine Gedanken davon abgekehrt und seine Gesundheit durch einen frischen Troß von Unruhen erlöset worden wäre, die ihm meine Tante Dinah mit einem Vermächtniß von fünf bis sechs tausend Thalern hinterließ. —

Mein Vater hatte kaum den Brief gelesen, als er die Sache gleich beym rechten Zipfel faßte, und seinen Kopf ängstete und plagte, wie

wie ers am besten zur Ehre der Familie anlegen sollte. — Wohl hundert und funfzig wundersame Projekte nisteten sich Eins nach dem Andern in sein Gehirn. — Da wollt' er Dieß thun, und Das — und das Andre. — Er wollte nach Rom — es dem Pabste abproceßiren — wollte Aktien kaufen — John Hobson sein Landguth abfeilschen: — er wollte einen neuen Gibel vor seinem Hause heraufziehn, und einen neuen Flügel dran bauen, um es eben zu machen — an dieser Seite des Bachs stund eine hübsche Wassermühle, und er wollte jenseits, grade gegenüber, eine Windmühle bauen, der hübschen Symmetrie wegen. — Vor allen Dingen aber in der Welt wollte er das grosse Ochsenmoor einhägen, und meinen Bruder Bobby gleich auf Reisen schicken.

Da aber die Summe endlich war, und folglich nicht alles ausrichten konnte — und in der That sehr wenig von alle diesem gehörig und gut: — so schienen von allen Projekten, die sich bey dieser Gelegenheit darboten,

ten, die beyden letzten den tiefsten Eindruck zu machen; und er würde sich auch gewiß zu beyden zugleich entschlossen haben, wenn's nicht der kleine, eben erwähnte, Umstand gehindert hätte, der ihn platterdings in die Nothwendigkeit setzte, sich entweder für das Eine oder das Andre zu erklären.

Dieß war nicht so leicht geschehen; denn so gewiß es ist, daß mein Vater schon längst sein Herz auf diesen wesentlichen Theil der Erziehung meines Bruders gesetzt, und wie ein kluger Mann beschlossen hatte, ihn von dem ersten Gelde, das ihm von dem zweyten Dividend der Mißißippactien, die er gekauft hatte, einliefe, seine Reise antreten zu lassen: so hatte doch das Ochsenmoor, welches ein hübscher, grosser, brachliegender, ungeschlachter, dem Schandyschen Guthe zugehöriger Anger war, fast eben so alte Rechte und Ansprüche. Er hatte schon lang und ernstlich darauf gesonnen, es unter Pflug und Gare zu bringen.

Da ihn aber bis hieher noch kein solcher Zusammenfluß von Dingen gedrungen, auszumachen, welches von beyden das älteste oder beste Recht hätte: so hatte er sich wie ein weiser Mann enthalten, sich in eine kritische Untersuchung darüber einzulassen. Dergestalt also, daß, nachdem alle übrige Projekte bey dieser Crisis den Laufpaß erhalten, die beyden alten, das Ochsenmoor und mein Bruder, ihn wieder unter sich theilten; und sie waren einander dergestalt gewachsen, daß sie manchen nicht geringen Kampf im Kopfe des alten Herrn veranlaßten: — welches von beyden zuerst im Gang gebracht werden sollte.

— Die Leute haben gut Lachen — die Sache war so: . . .

Es war beständig in der Familie Brauch gewesen, und war durch die Verjährung gleichsam ein Recht geworden, daß der älteste Sohn, bevor er heyrathete, in fremde Gebiethe freyen Ein- Aus- und Zugang haben mußte, nicht nur um durch die Leibesübung, und häufige

Verändrung der Luft sein eignes persönliches Gebieth zu verbessern — sondern auch bloß zum Vergnügen seiner Phantasie, und daß man ihm damit, daß er sagen könnte, ich bin gereiset, eine bunte Feder mehr in den Schwanz setzte. — *Tantum valet*, pflegte mein Vater zu sagen, *quantum sonat*.

Da dieses nun ein vernünftiger, und also ein allerchristlicher Brauch war: — so hieß das, wenn man ihn ohne Warum und Weßwegen aussetzte — und dadurch das erste Exempel gab, daß ein schandyscher Erbe nicht in einer Postchaise durch Europa gekutschet worden, und zwar bloß deswegen, weil er ein Schlafmatz von Knaben war — ärger mit ihm umspringen, als mit einem Heyden und Türken.

Auf der andern Seite war der Fall des Ochsenmoores eben so dringend.

Den ersten Kaufschilling nicht mitgerechnet, welches achthundert Louisd'or waren —

hatt'

hatt' es der Familie schon vor funfzehn Jahren noch andre achthundert an Proceßkosten gefressen — und der Himmel weiß, wie manchen Aerger und Verdruß dazu gemacht.

Ueberdem war es seit der Mitte des vorigen Jahrhunderts ein beständiges Eigenthumsstück der schandyschen Familie; und ob es gleich groß und breit vor dem Hause lag, und man an einer Seite die Wassermühle sah, und an der andern die projektirte Windmühle sehn sollte, von der oben gesprochen worden — und aus allen diesen Gründen das gegründeteste Recht, vor allen andern Grundstücken, auf die Pflege und Fürsorge der Familie zu haben schien: — so war es dennoch durch ein unbegreifliches Schicksal, dem sowohl die Menschen, als der Grund, den sie betreten, unterworfen sind — die ganze Zeit her schändlich übersehen worden; und hatte, die Wahrheit zu gestehn, dadurch so sehr gelitten, daß dem Manne das Herz im Leibe darüber bluten müßte, (sagte Obadiah) der

wüßte, was Land wäre, und darüber ritte und sähe, in welchen kläglichen Umständen es läge.

Indessen, da weder der Ankauf dieses Grundstücks — noch einmal seine Lage, so gut sie auch war, eigentlich davon zu reden, meines Vaters Werk waren — so hatte er auch niemals gemeynt, daß es ihm eigentlich anginge; — bis vor funfzehn Jahren der oben erwähnte verdammte Proceß losbrach (er entstund über die Grenzen) — welcher, als meines Vaters eigenthümliche That und Handlung, zugleich alle andre Gründe zu seinem Besten aufweckten; und er, nachdem er sie alle aufgezählt hatte, fand, daß er nicht nur des Nutzens, sondern auch der Ehre wegen verbunden sey, etwas dafür zu thun — und daß es itzt Zeit sey, oder niemals.

Ich glaube, es muß Unglück dazu geschlagen seyn, daß die Gründe an beyden Seiten so völlig gleichwiegend seyn mußten; denn ob mein

mein Vater solche gleich unter allen Umständen und in allerley Gemüthsverfassungen abwog — manche kummervolle Stunde in sehr tiefen und abstrakten Gedanken darüber hinbrachte, was dabey am besten zu thun sey — heute Bücher von der Landwirthschaft — morgen Reisebeschreibungen las; — alle Leidenschaft beyseit setzte — die Gründe an beyden Seiten mit allen ihren Umständen beleuchtete — täglich mit meinem Oncle Toby drüber Rath pflog — mit Yorick darüber philosophirte, und über die ganze Sache, das Ochsenmoor betreffend, mit Obadiah sich besprach — so ergab sich doch in all der Zeit nichts so stark zum Behuf des einen, welches sich nicht auch ganz genau auf das andre anwenden ließ, oder doch wenigstens durch eine oder die andre Rücksicht, von gleichem Gewicht, die Schaalen gleichschwebend erhielt.

So viel war unstreitig gewiß, wenn das Ochsenmoor in gute Hände gerieth, und gehörig bearbeitet würde, so müßte es ein ganz ander Ansehn in der Welt machen, als es

 that;

that; oder in den Umständen, worinn es lag, jemals thun konnte — das war aber auch, Obadiah mochte sagen, was er wollte, alles haarklein von meinem Bruder Bobby wahr.

In Ansehung des Einträglichen — gesteh' ich, schien der Streit dem ersten Anblicke nach, nicht so unentschieden unter den beyden; denn so oft mein Vater Feder und Dinte zur Hand nahm, und sich darüber her machte, zu berechnen, was die Ausgaben für Aufbrechen, Ausbrennen, Einhägen, in Gare setzen, u. s. w. des Ochsenmoors betrügen, und dagegen den sichern Profit, den es ihm wieder bringen müßte — so war der letzte, auf die Art, wie er das Exempel ansetzte, so unglaublich überwiegend, daß man hätte schwören sollen, das Ochsenmoor müßte die Oberhand behalten. Denn es war klar, er müßte gleich das erste Jahr über hundert Last Rapsaamen ziehen, die Last zu hundert Thaler gerechnet — hierauf das zweyte Jahr eine vortrefliche Waitzenerndte — das Jahr darauf, ums nur

ge-

gering anzuschlagen, ein hundert — nach aller Wahrscheinlichkeit aber, ein hundert und funfzig — wo nicht zwey hundert Wispel Bohnen und Erbsen — nicht zu gedenken der unendlichen Menge Kartoffeln. — Aber dann klopfte der Gedanke, daß er derweile meinen Bruder auferzöge wie ein Schwein, das sie fressen sollte — wieder in seinem Kopfe an, und ließ den lieben alten Herrn in solcher Unentschlossenheit, daß er, wie er oft meinem Oncle Toby erklärte, eben so wenig wußte, was er thun sollte, als sein Absatz.

Kein Mensch, als er, der es gefühlt hat, kann sich vorstellen, was für eine Noth und Elend es ist, wenn ein Mann von zwey Projekten von gleicher Stärke gezerret wird, die ihm beyde gleich hartnäckig in entgegenstehender Richtung, am Gemüthe zupfen und reissen. Denn, nicht zu gedenken der Verwüstung, die solches natürlicher Weise in dem ganzen feinern Systeme der Nerven anrichten muß, welche, wie Sie wissen, die Lebensgeister und subtilern Säfte vom Herzen nach dem Haupte, und so weiter führen: — so ist es nicht zu sagen, in was für einem hohen Grade ein so widersinniges Reiben auf die gröbern und solidern Theile wirkt, indem es, so oft es vorwärts geht, oder rückwärts, allemal das Fett eines Mannes schmelzt, und seine Kräfte schwächt.

Mein Vater hätte unter diesem Uebel erlegen, so gewiß als er unter dem, mit meinem Taufnamen erlag — wär' er nicht aus diesem eben so erlöset, wie aus jenem, dnrch ein frisches Uebel — das Unglück von meines Bruder Bobby's Tode.

Was ist des Menschen Leben! Ists nicht bald hier bald dort? — aus einer Sorge in die andre? — Eine Ursach des Verdrusses zugeknöpft! — Eine andre wieder auf!

Zwey und dreyßigstes Kapitel.

Von diesem Augenblick an bin ich als vermuthlicher Erbe der schandyschen Famimilie zu betrachten — und von diesem Zeitpunkte hebt die Geschichte meines Lebens und meiner Meynungen erst eigentlich recht an. Mit aller meiner Eil und Hast hatt' ich nur eben den Grund aufgeräumet, um das Gebäud' aufzuführen — Und ein Gebäude, seh ich in Gedanken, wird es werden, als noch nie, seit Adams Zeiten, aufm Reisbrett entworfen, und noch weniger aufgeführt ist. In weniger als fünf Minuten muß meine Feder schon ins Feuer geworfen seyn, und das Tröpfgen dicker Dinte, das mir noch aufm Boden meines Dintenfasses übrig geblieben ist, dazu. Ich habe bis dahin nur noch ein halb Steige Dinge zu thun. Ich habe ein Ding zu nennen — ein Ding zu bedauren — ein Ding zu hoffen — ein Ding zu versprechen, und ein Ding zu drohen — Ich habe ein Ding voraus zu setzen — ein Ding anzuzeigen — ein Ding zu vertuschen — ein Ding zu erwählen, und für ein Ding zu bitten. Deswegen denn, nenne ich dieses Kapitel, das Kapitel von Dingen — und mein nächstfolgendes Kapipitel, das ist, das erste Kapitel in meinem künftigen Theile, wenn ich lebe, soll mein Kapitel von Zwickelbärten seyn, um doch einigen Zusammenhang in meinem Werke beyzubehalten.

Das Ding, was ich bedaure, ist, daß die Dinge so dick und häufig auf mich eingedrängt sind, daß ich nicht bis zu der Stelle in meinem Werke habe gelangen können, nach welcher ich den ganzen Weg lang mit solcher Begierde getrachtet habe: und das ist, die Feldzüge, besonders aber die Liebesgeschichte meines Oncle Toby's, deren Begebenheiten von so sonderbarer Natur sind, und von solchem cervantischen Zuschnitt, daß, wenn mirs nur glücken will, eben dieselben Eindrücke damit auf andrer ehrlicher Leute Gehirn zu machen, welche sie in den meinigen erregen — ich dafür stehe, das Buch soll sich in der Welt schon durchhelfen — weit besser als sein Verfasser vor ihm konnte. — O Tristram! Tristram! wenns nur erst Einmal so weit gekommen seyn möchte. — so soll das

An=

Ansehen, das dich als Schriftsteller begleiten wird, den manchen Uebeln das Gegengewicht halten, die dich als Mann befallen haben. — Das eine wird dir noch recht sanft thun, wenn du das andre schon längst vergessen haben wirst! —

Kein Wunder wenn mich so sehr nach diesen Liebeshändeln jückt. — Sie sind das Pfaffenhäppchen in meiner ganzen Geschichte; und komm ich nur erst Einmal dabey — glaubt nur, meine lieben Leute — (was kümmerts mich, wenn jemands schwacher Magen davor ekelt) ich werde über den Ausdruck gar nicht lange kühren und kiesen. — Und das ist das Ding, was ich anzuzeigen habe. — Ich werde in fünf Minuten nicht mit allen fertig, fürcht' ich — und das Ding, was ich hoffe, ist, daß Ew. Ew. Wohlgebohrnen und Reverenzen kein Aergerniß genommen haben; hätten Sie, so verlassen Sie sich darauf, ich werde Ihnen, meine Höchstzuverehrende Herren, künftiges Jahr etwas zubereiten, woran Sie sich ärgern sollen. — Wie's

mei-

meine theure Jenny macht — wer aber meine Jenny ist? — und welches der rechte, und welches der verkehrte End an einem Frauenzimmer ist, ist das Ding was ich zu vertuschen habe — es soll aber in dem vorletzten Kapitel vor dem Kapitel von Knopflöchern erzählt werden — und um kein einziges Kapitel früher.

Und nunmehr, da Sie eben ans Ende dieser vier Theile gelangt sind — ist das Ding, was ich zu fragen habe: wie's mit Ihren Köpfen steht? der meinige thut mir herzlich weh — Ihre Gesundheit überhaupt, weiß ich, steht sich viel besser dabey. — Das wahre Schandysiren, denken Sie übrigens davon was Sie wollen, öfnet Herz und Lunge, und zwingt, gleich andern Bewegungen seiner Art, das Blut und andre Lebenssäfte des Körpers, frischer und munterer durch seine Kanäle zu fliessen, und läßt das Rad des Lebens williger und länger rund laufen.

Wär' es mir, wie dem Sancho Panssa, erlaubt, ein Königreich zu wählen, eine Seemacht sollt' es nicht seyn — auch kein Land voll schwarzer Sclaven, um einen Thaler Geld daraus zu lösen — nein, es sollte ein Reich von herzlich lachenden Unterthanen seyn. Und da, wie ich sehe, die galligen und schwarzfinstern Leidenschaften einen bösen Einfluß, sowohl auf den politischen, als natürlichen Körper haben: — und nichts als eine geübte Tugendfertigkeit diese Leidenschaften ordentlich beherrschen, und der Vernunft unterthan machen kann — so setze ich meiner Bitte noch hinzu: — daß Gott meinen Reichskindern die Gnade verleihen möchte, daß sie eben so **vernünftig**, als **spaßhaft** wären; alsdann — ja alsdann wär' ich der glückseligste Monarch, und sie die glückseligsten Unterthanen unter der Sonne.

Mit dieser Moral, nehm' ich für dießmal, mit Ewr. Ewr. Hochwohlgebohrnen und Hochwürden geneigtesten Erlaubniß, meinen Abtritt, bis heute übers Jahr, alsdann ich

ich (oder dieser vertrackte Husten müßte mich unterdessen zu Kirchhofe schicken) von neuem ein wenig an Dero Bärten zupfen, und der Welt ein Geschichtchen erzählen werde, wo von Ihnen wohl wenig träumt.

Ende des vierten Theils.